최우선 영단어
VOCABULARY IN TOP PRIORITY
심화동사 01 A-D

최우선 영단어 심화동사 01 편

초 판 1쇄 발행 2015. 9. 11
개정 1판 1쇄 발행 2021.03.04

저 자　　김정호
발행처　　㈜바른영어사 출판사업부
기 획　　(주)바른영어사
주 소　　경기도 성남시 분당구 느티로 16, 9층 (주)바른영어사
대표전화　(02)817-8088 팩스 | (031) 718 - 0580
홈페이지　www.properenglish.co.kr
감 수　　N.Buchan
인쇄처　　필커뮤니케이션

ISBN : 979-11-85719-31-3 (13740)
정가 : 18,000 원

이 책의 무단 전재 또는 복제행위는 저작권법 제97조의5에 의거, 5년 이하의 징역 또는 5,000만원의 벌금에 처하거나 이를 병과할 수 있습니다.

· 2015 고객이 신뢰하는 브랜드 대상 수상 (온라인 영어 교육)
· 2017 중앙일보 히트브랜드 대상 수상 (온라인 영어 교육)

VOCABULARY IN TOP PRIORITY

최우선 영단어

- 심화 동사 1편 (A ~ D) -

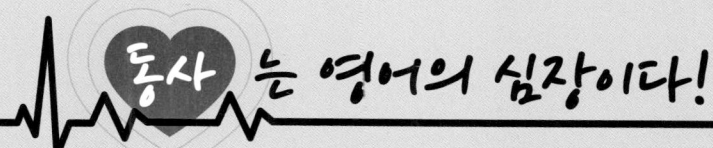

동사는 영어의 심장이다!

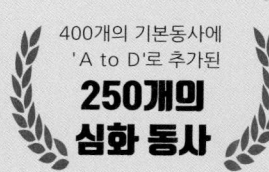

400개의 기본동사에
'A to D'로 추가된
**250개의
심화 동사**

지적 대화에서
자주 사용하는
**800여개의
핵심 구조**

회화와 독해
모두에 사용되는
**1400여개의
필수 예문**

김정호 지음
바른영어사

MP3 무료 제공
학습법 강의 무료 제공
바른영어훈련소 ▶ YouTube 채널안내

머리말

공부하기 전에

한국에서 영어라는 언어를 안다는, 가르친다는, 공부한다는 많은 사람들이 있습니다.
그 중 가장 경계해야 할 대상은 소위 가르친다는 사람들입니다.

경계해야하는 이유는?
나를 포함한 그들은 그것으로 먹고 살기 때문이며, 더욱 심각한 것은 그것으로 부귀영화를 꿈꾸기 때문입니다.

그런데 슬픈 것은 공부한다는 많은 사람들이 이들의 현란한 말솜씨에 주눅이 들고 현혹당하며 결국 그들의 귀중한 시간과 정열을 바치고 궁극적으로는 흡혈을 당할 수도 있다는 것입니다.

예전의 지식은 오늘날 상식으로 뒷걸음질 쳤고
이제 무엇인가를 안다고 자처하는 학생, 학부모들이 넘쳐납니다. 그럼에도 불구하고 이 교육소비자들은 결국은 대다수가 기만당하기 일쑤입니다. 정직하지 않은 방법으로 교육 받는데 스스로 협조했기 때문입니다.

이 언어를 공부할수록 숙연해지는 것은 왜일까요…
저의 무식에 대한 지각이 엄하게 매를 때리는 느낌을 저는 연구시절 내내 겪었습니다.
지금도 겪고 있습니다.

아주 심각한 이야기를 하자는 것은 아닙니다.

최소한 본질의 일부만이라도 생각해 보길 바라는 마음입니다.

영어를 배우는 한국인들이 반드시 기억해야할 중요한 요소들은 많습니다.
그 중 딱 하나만 거론하겠습니다.
영어는 품사공용어입니다.
그리고 그 품사의 중심에는 동사가 있습니다.

한국어처럼 [-은,는,이,가, -에게, -을,를, -로서, -하게, -한 상태로, -하다] 등의 토씨를 붙이지 않고 의미를 빈틈없이 전달하려고 하는 영어의 본질은 바로 동사의 운용법입니다. 긴 이야기는 없습니다. 영어는 결국 동사와 전치사가 부리는 마술이니까요……

동사를 공부하면 이 마술의 이치를 깨닫게 됩니다. 이 시리즈는 알파벳의 마지막에서 종결될 것입니다. 제대로 한 번 공부해 보세요. 여러분의 영어미래가, 영어능력이, 본질적으로 얼마나 달라지는지 경험하게 될 것입니다.

김정호 씀

index

A

001	abandon	008
002	act	009
003	adapt	012
004	adjust	014
005	adopt	015
006	advance	017
007	affect	020
008	affirm	022
009	afford	023
010	aim	024
011	allocate	026
012	alternate	027
013	appeal	028
014	apprehend	030
015	approach	032
016	attribute	034
017	authorize	035
018	avert	036
019	await	037
020	award	038

B

021	babble	040
022	bag	041
023	bail	043
024	balance	044
025	bang	046
026	banish	047
027	bank	048
028	bar	050
029	bare	052
030	bargain	053
031	bark	055
032	barter	057
033	base	058
034	bathe	059
035	batter	060
036	battle	061
037	begin	062
038	behave	063
039	belie	064
040	bend	065
041	benefit	066
042	bequeath	068
043	bereave	069
044	beseech	070
045	beset	071
046	besiege	072
047	bestow	073
048	betray	074
049	bid	075
050	bind	077
051	bite	080
052	blast	083
053	bleed	085
054	blend	086
055	bless	088
056	blink	090
057	block	092
058	blow	093
059	blunder	096
060	board	098
061	boast	100
062	bob	102
063	bode	104
064	boil	105
065	bolt	107
066	book	109
067	boom	111
068	bore	112
069	bounce	113
070	bow	115
071	bowl	116
072	box	117
073	brace	119
074	breathe	121
075	breed	123
076	brew	125
077	bridle	127
078	brood	128
079	browse	129
080	bruise	131
081	brush	132
082	buck	134
083	bug	135
084	build	136
085	bulge	138
086	bully	139
087	bump	140
088	bundle	142
089	burn	144
090	burst	147
091	button	149
092	bustle	150
093	buy	151

C

094	canvass	154
095	cap	156
096	carve	158
097	caution	159
098	cave	160
099	cease	162
100	center	163

#	Word	Page		#	Word	Page		#	Word	Page
101	certify	165		136	compel	224		170	cool	268
102	chafe	167		137	compensate	225		171	correct	270
103	challenge	169		138	complete	226		172	corrupt	271
104	chance	171		139	compliment	228		173	counsel	272
105	cheer	174		140	compound	230		174	court	273
106	cherish	175		141	compromise	232		175	cover	275
107	chill	176		142	concede	234		176	crack	279
108	chime	178		143	concur	235		177	cram	282
109	chip	180		144	condense	236		178	cramp	283
110	choke	182		145	condescend	237		179	crash	284
111	chop	184		146	conduct	238		180	crawl	286
112	clamor	186		147	conflict	240		181	credit	287
113	clap	188		148	confound confuse	241		182	creep	290
114	clash	190						183	crib	291
115	clasp	192		149	conjecture	242		184	cripple	293
116	clench	193		150	conjure	243		185	crop	294
117	click	194		151	connect	244		186	cross	296
118	clinch	196		152	consent	245		187	crowd	299
119	clip	197		153	consolidate	247		188	crown	300
120	clog	199		154	constitute	248		189	crush	302
121	commence	201		155	construe	249		190	cry	304
122	cloud	202		156	consult	250		191	cuddle	306
123	club	204		157	consume	252		192	culminate	307
124	clump	205		158	consummate	253		193	cultivate	308
125	cluster	206		159	contemplate	254		194	curb	310
126	clutch	207		160	contend	255		195	cure	311
127	coat	209		161	contract	256		196	curl	313
128	coax	210		162	contrast	258		197	curse	315
129	cock	212		163	contribute	259		198	curtail	317
130	collapse	214		164	contrive	260		199	cut	318
131	color	215		165	control	261		200	cycle	322
132	commend	217		166	converse	263				
133	commission	218		167	convert	264		**D**		
134	commit	220		168	convey	266		201	dabble	326
135	commute	222		169	cook	267		202	damage	327

index

203	damn	328
204	damp	330
205	dance	332
206	dangle	334
207	dare	336
208	dash	338
209	date	341
210	daub	344
211	dawn	345
212	dazzle	347
213	deal	348
214	debauch	350
215	decay	351
216	deceive	352
217	decide	353
218	deck	355
219	declare	356
220	decline	357
221	decorate	359
222	decrease	360
223	decree	361
224	dedicate	362
225	deduce	363
226	decoy	364
227	deduct	365
228	deem	366
229	defeat	367
230	defect	368
231	defend	369
232	defer	370
233	define	371
234	defy	372
235	degenerate	373
236	degrade	375
237	delegate	376
238	deliberate	377
239	delight	379
240	deliver	381
241	delude	382
242	delve	383
243	demean	384
244	demonstrate	385
245	demoralize	387
246	denote	388
247	denounce	389
248	depart	390
249	depend	391
250	depict	393

01
A

001 abandon	008	011 allocate	026
002 act	009	012 alternate	027
003 adapt	012	013 appeal	028
004 adjust	014	014 apprehend	030
005 adopt	015	015 approach	032
006 advance	017	016 attribute	034
007 affect	020	017 authorize	035
008 affirm	022	018 avert	036
009 afford	023	019 await	037
010 aim	024	020 award	038

① **abandon +** 사람, 장소, 물건, 믿음, 지지, 신앙 등의 명사

주요 의미 버리다, 떠나다, 포기하다

- I don't think my mother abandoned me at that time.
  어머니가 그 당시 나를 버렸다고 생각하지 않는다.

- The fear of being abandoned to the hand of an unknown person was so great.
  모르는 사람의 손에 맡겨진다는 두려움이 너무 컸다.

② **abandon + ing**

주요 의미 -하는 것을 포기하다

- We are forced to abandon getting a job which can help us stand on our own feet.
  우리는 스스로 독립하도록 도와줄 직업을 구하는 것을 포기하도록 강요받는다.

① act
주요 의미 어떤 목적을 위해 행동이나 조치를 취하다

- Now is the time for us to act to prevent the destruction of our environment.
  우리가 환경파괴를 막기 위해 행동할 시간이다.

② act + like / as if / as though
주요 의미 특정한 방식으로 굴다

- I want you to stop acting like a child.
  아이처럼 구는 것을 그만두기 바란다.

- You have been acting so strangely these days.
  너는 요즘 꽤 이상하게 굴고 있다.

- He acts as if he were a hero.
  그는 마치 자신이 영웅인것 처럼(아닌데) 행동한다.

③ **act + 명사, 형용사**

주요 의미 -처럼 굴다, -을 가장하다.

- She has been acting a newly married wife these days.
  그녀는 요즘 새 신부처럼 굴고 있다.

- The other princes had to act dumb, deaf, or psychopathic.
  다른 왕자들은 벙어리나, 귀머거리 혹은 정신병자처럼 굴어야 했다.

④ **act + 배역, 극**

주요 의미 연극이나 영화에서 역할을 하다, 공연되다

- Who would act Hamlet?
  누가 햄릿 역할을 할 것인가?

- Has the play well acted?
  그 극은 연기가 좋았는가?

⑤ **act + as + 명사 / like + 명사**

주요 의미 -로서 기능이나 역할을 하다

- They finally identified some hormones in the brain which act as natural pain-reliever.
  그들은 마침내 뇌 속에서 천연 진통제의 역할을 하는 호르몬을 찾아냈다.

⑥ act on + 명사

주요 의미 -에 작용하다, 영향을 미치다

- The medication won't act on his neuron.
  그 약은 그의 신경계에 작용하지 않을 것이다.

⑦ act(명사)

주요 의미 행위, 행동, 법안을 통과한 법률, 가시적 행위, 연극의 막

- The play consists of rather too many acts and scenes.
  그 연극은 너무 많은 막과 장으로 구성되어 있다.

- He is just putting on an act to make you fall for him.
  그는 너를 속이기 위해 가식을 떨고 있을 뿐이다.

- His act of spreading tear gas is definitely against the act of Congress.
  그의 최루가스 살포행위는 국회법에 대한 명백한 위반이다.

A 003 adapt [əˈdæpt] [어댑-트]

① adapt + 명사 + for / 명사 + to VR
주요 의미 맞추다, 조정하다

- We can adapt these tools for use by the left handed.
  우리는 이 도구들을 왼손잡이들의 사용을 위해 맞출 수 있습니다.

- Your clubs can be adapted to suit your individual measurements.
  당신의 클럽들은 개인적 치수에 적합하도록 조정될 수 있습니다.

② adapt + (oneself) + to + 명사
주요 의미 -에 적응하다

- It took her rather long to adapt herself to her new surroundings.
  그녀가 새로운 환경에 적응하는 데는 꽤 시간이 걸렸다.

- If my company is too big to adapt to change, I will divide it into several chunks.
  만약 우리 회사가 변화에 적응하기에 너무 크다면 나는 몇 덩어리로 그것을 분할하겠다.

③ adapt + 극본, 내용, 작품

주요 의미 각색하다

- Pillip's novel was adapted for making the movie 'Blade Runner'.

  필립의 소설은 영화 '블레이드 러너'를 만들기 위해 각색되었다.

A 004 adjust [əˈdʒʌst]
[엇쳐스-트]

① adjust + A + (to + 명사)

주요 의미 용도에 알맞도록 조정, 조절하다, 바로잡다

- A good speaker can adjust his or her language to the level of the audience.
  훌륭한 연설자는 청중의 수준에 자신의 언어를 맞추어 조절할 수 있다.

- Let me adjust your tie and hair.
  머리칼과 타이를 바로 잡아드리겠습니다.

② adjust + (oneself) to + 명사

주요 의미 -에 적응하다

- You'll soon know how to adjust to living alone.
  당신은 곧 혼자 사는 법에 적응하는 것을 배우게 될 것이다.

- Our eyes adjust to the dark after a while.
  우리의 눈은 한 동안이 지나면 어둠에 익숙해진다.

A 005 adopt [əˈdɑːpt] [어답-트]

① adopt + 사람
주요 의미 입양하다

- Those days, many Koreans had their babies adopted.
  그 당시 많은 한국인들이 아기들을 입양 보냈다.

- The children say they want their parents adopted.
  그 아이들은 자신들의 부모가 입양되길 원한다고 말한다.

② adopt + 방법, 양식, 자세, 태도, 수단
주요 의미 특정한 것을 취하다

- Different approaches have been adopted to settle the problem.
  그 문제를 해결하기 위해 다양한 접근법들이 취해졌다.

③ adopt + 정책, 법안, 결정
주요 의미 투표로써 채택하다

- The U.N. Commission On Human Rights has adopted a more powerful resolution against North Korea.
  유엔 인권위원회는 북한에 대해 더 강력한 결의안을 채택했다.

④ adopt + 태도, 표정, 분위기

주요 의미 특정한 태도를 취하다

- The man adopted a cold look on his face.
  그 남자는 얼굴에 차가운 표정을 띠었다.

⑤ adopt + 명사 + as + 명사

주요 의미 어떤 자격으로 뽑다, 선정하다

- He was adopted as running mate for the 28th president election.
  그는 28대 대통령선거의 부통령후보로 선정되었다.

⑥ adopt + 제도, 관행, 종교

주요 의미 차용하다, 남에게서 빌려서 쓰다

- So many names of the cities in America have been adopted from those in Europe.
  미국의 많은 도시 이름들이 유럽에 있는 것들로부터 차용되었다.

A 006 advance [əd'væns] [앤v밴스]

① advance + on + 명사 / towards + 명사
주요 의미 -로 향하여 진격하다, 나아가다

- Though they were told to advance across the river, the soldiers didn't move.
  강을 건너서 진격하라는 명령을 들었지만 병사들은 움직이지 않았다.

② 지식, 기술, 가격, 비용 등 (주어) + advance
주요 의미 진보하다, 증가하다

- The knowledge of human race has advanced considerably.
  인간의 지식은 상당히 진보했다.

- Construction shares advanced with a hope of economic recovery.
  경기회복기대로 건축주가 올랐다

③ advance + 돈, 권리
주요 의미 선불로 주다

- Could you please advance me my weekly pay?
  이번 주급을 선불로 주실 수 있으신지요?

④ advance + 이론, 계획, 사상
주요 의미 제기하다, 내놓다

- Newton advanced a new theory to explain the drops of objects.
  뉴튼은 물체의 낙하를 설명하는 새로운 이론을 제기했다.

⑤ advance + 날짜
주요 의미 앞당기다

- My wedding ceremony has been advanced by two weeks.
  내 결혼식이 2주 앞당겨 졌다.

⑥ advance + 명분, 성취, 목표, 경력
주요 의미 진전시키다, 발전시키다

- Do you think you can work with us to advance our goal?
  우리의 목표를 발전시키기 위해 협력할 수 있습니까?

⑦ advance(명사)

주요 의미 전진, 발전, 선불지급, 신체적 접근, 가치의 상승

- The fluctuation doesn't mean any significant advances of the share.

  그 등락은 그 주식의 의미 있는 가치상승을 의미하지 않는다.

- The owner of the cafe made an advance to the woman guest.

  그 카페의 주인은 그 여성고객에게 접근했다.

- Did he offer you an advance of a thousand dollars?

  그가 너에게 선금 천불을 제안했던가?

A 007 affect [əˈfekt]
[어ʰ펙-ㅌ]

① affect + 명사
주요 의미 - 에 영향을 미치다

- Whether he is an atheist doesn't affect our adoption process.
  그가 무신론자인가의 여부는 우리의 채용과정에 영향을 끼치지 않습니다.

② 질병 + affect + 사람, 신체의 부위
주요 의미 병이나 증상이 생기다

- The sudden rash affects one in every five children.
  그런 갑작스런 발진은 5명당 하나의 아이에게 발병한다.

③ be affected by + 정서적 충격을 주는 사건
주요 의미 충격을 받다

- All the citizens were deeply affected by the news of his assassination.
  모든 시민들이 그의 암살소식에 깊은 충격을 받았다.

④ **affect** + 태도, 감정, 생각, 말투

주요의미 가장하다, 꾸미다

- I admit that I affected a total calmness against my inner voice.

  나는 속마음과 다르게 침착함을 가장했다고 인정한다.

- Why does she persist in affecting the ridiculous British accent of 'O.K'?

  왜 그녀는 그 우스꽝스런 영국식 오케이라는 억양을 꾸미는데 집착하는가?

① affirm + 약속, 맹세, 공약, 의지

주요 의미 단언하다, 맞다고 확인하다

- Every time they affirm their commitment to the ceasefire, there follows an outbreak of another skirmish.
  그들이 휴전에 대한 약속을 단언할 때마다 뒤이어 국지전의 발발이 따른다.

- Following evidence seems to affirm the first report on the accident.
  이어서 나온 증거는 그 사건의 최초보도가 맞다고 확인하는 것처럼 보인다.

② affirm + that 절

주요 의미 어떤 사실을 장담하다

- I will surely affirm that no worker in my company will lose his or her position.
  내가 확실히 장담하건대 내 회사의 누구도 자기의 자리를 잃지 않을 것입니다.

③ affirm + 명사 + to be + 보어

주요 의미 –을 –라고 단언하다

- Is there anybody who will affirm his statement to be true?
  그의 진술이 사실이라고 단언할 누구 있습니까?

A 009 afford [əˈfɔːrd] [어포-ㄹ-드]

① can(be able to) afford + 명사 / to VR

주요 의미 - 살, 가질, 할 여유가 있다

- Can you afford a luxury car?
  당신은 고급차량을 가질 여유가 있는가?

- I am sorry I don't think I can afford any more time with you.
  미안하지만 당신과 더 보낼 시간적 여유가 없는 것 같다.

- I wish I could afford to go abroad for my summer vacation.
  이런 여름 해외로 나갈 여유가 된다면 얼마나 좋을까.

② afford + A + B

주요 의미 A에게 B를 제공하다

- The intern program affords students chances to gain work experience.
  그 인턴 프로그램은 학생들에게 직무경험을 얻을 기회를 제공한다.

① aim + at + 명사 / for + 명사

주요 의미 무엇을 목표삼다, 겨냥하다

- The coach is aiming for the reduction of time consumption.
  감독은 시간단축을 목표로 하고 있다.

- My doctor is aiming at my lower level of cholesterol.
  나의 의사는 내 콜레스테롤 수치가 낮아지는 것을 목표로 하고 있다.

- Do not ever aim at persons.
  절대로 사람을 겨냥해서는 안 된다.

② aim + to VR

주요 의미 - 하는 것을 목표로 삼다

- We aim to get there at about 6.
  우리는 6시경 거기에 도착하는 것을 목표하고 있다.

③ 수단 + be aimed at + 명사

주요 의미 어떤 목적을 위해 수단이 사용되다

- The taxation policy was aimed at acquiring more revenue.

  그 과세정책은 더 많은 수익을 확보하는데 목표가 있다.

- This version is aimed at adults.

  이 버전은 성인을 위해 사용되었다.

- The gun was aimed at my forehead.

  그 총은 나의 이마에 조준되었다.

④ aim (명사)

주요 의미 목적, 목표, 겨냥, 조준

- In order to achieve our aims, we need to work together.

  우리의 목표를 달성하기 위해 우리는 협력해야 할 필요가 있다.

- Your aim is good but you need to give a smooth pull to your trigger.

  당신의 조준은 좋은데 방아쇠를 부드럽게 당겨야 한다.

A 011 allocate ['æləkeɪt] [엘러케잇]

① allocate + A명사 + (to + B명사)

주요 의미 B에게 A를 공식적으로 할당하다

- The university was under pressure to allocate less admission to minorities.

  그 대학은 소수민족들에게 더 적은 입학을 할당하라는 압력을 받고 있었다.

② allocate + A명사 + for + B명사

주요 의미 B를 위해 A를 할당하다

- I kept writing letters to the National Office of Education to allocate a larger sum for buying books.

  나는 미 연방교육부에게 서적구입을 위한 더 많은 자금을 할당하라는 편지를 계속 썼다.

③ A명사 + be allocated + B명사

주요 의미 A에게 B가 할당되다

- Your plan will be allocated more support.

  너의 계획에 더 많은 후원이 할당될 것이다.

A 012 alternate [ˈɔːltərnət] [얼터네잇]

① alternate A with B = alternate A and B
주요 의미 A와 B를 번갈아 등장시키다

- We can alternate kindness and severity in teaching them
  우리는 그들을 가르치는데 있어서 친절함과 엄격함을 교대로 사용할 수 있습니다.

② A + alternate with B
주요 의미 A가 B와 교대로 등장하다

- Black tiles alternate with white ones on the floor.
  검은 타일과 흰 타일이 바닥에 번갈아 등장한다.

③ A + alternate between B and C
주요 의미 A가 B와 C사이를 오가다

- She seems to alternate between you and your boss.
  그녀는 너와 너의 상사 사이를 오가는 것처럼 보인다.

④ alternate(명사를 수식하는 형용사)
주요 의미 번갈아 등장하는

- Do I have to work on alternate Saturdays?
  제가 격주로 토요일에 근무해야 합니까?

A 013 appeal [əˈpiːl] [어피얼]

① appeal to + 구체적 도움을 받을 명사
주요 의미 -에 간청하다
- I advised him to appeal to the police for the escort.
  나는 그에게 경찰에게 호송을 간청하라고 충고했다.

② appeal to + 법률, 무력, 심판, 법원
주요 의미 -에 호소하다, 항의하다
- I will appeal to a higher court if I should ever lose in this case.
  내가 이 사건에서 혹여 지게 되면 상급법원에 항고할 것이다.

③ appeal to + 사람
주요 의미 매력적으로 보이다
- Do I appeal to you?
  내가 당신에게 매력적인가요?

④ appeal (명사)

주요의미 호소, 간청, 항소, 항고, 매력

- Your plan sounds of little appeal to me.
  당신의 계획은 나에게 별로 내키게 들리지 않는다.

- His speech made no appeal to us.
  그의 연설은 우리에게 호소력이 없었다.

A 014 apprehend [ˌæprɪˈhend] [어프리헨-드]

① apprehend + 명사
주요 의미 걱정하다, 염려하다

- We are likely to apprehend failures or mistakes in starting up a business.

  우리는 새로운 사업을 시작함에 있어서 실패와 실수를 염려하는 경향이 있다.

② apprehend + that 절
주요 의미 어떤 사실을 염려하다

- The driver apprehended that there would be icy roads ahead.

  운전자는 전방에 결빙도로들이 있을 것을 염려했다.

③ apprehend + 사람, 범인
주요 의미 체포하다

- He was apprehended by the man-hunter.

  그는 인간 사냥꾼에게 잡혔다.

④ **apprehend** + 이론, 의미, 언어, 어휘

주요 의미 이해하다

- Please do not use big words which I cannot easily apprehend.

  내가 쉽게 이해할 수 없는 어려운 말들을 이용하지 말아 주세요.

① approach + 명사
주요 의미 가까이 다가가다, 닮아가다

- When do you think is the best time to approach the fort?
  그 요새로 접근할 최적의 시기가 언제라고 생각하는가?

- His appeal is approaching a threat.
  그의 호소는 협박에 가까워지고 있다.

② approach A + to B
주요 의미 A를 B에 접근시키다

- Do not ever approach your magnetic card to the machine.
  당신의 자성카드를 그 기계에 접근시키면 안 된다.

③ approach to + 명사
주요 의미 -와 거의 같다

- Her silence approached to a denial.
  그녀의 침묵은 거절과 거의 같았다.

④ approach(명사)

주요의미 접근, 유사함, 길잡이, 개론, 연구방법, 태도, 방책

- I was excited by the approach of spring.
  나는 봄이 다가오자 흥분되었다.

- This book provides a good approach to physics.
  이 책은 물리학입문서로 훌륭하다.

- We had better take up a new approach to solving the problem.
  우리는 그 문제의 해결을 위해 새로운 방책을 택해야 한다.

A 016 attribute [əˈtrɪbjuːt] [어트리뷰ㅌ]

① attribute + A + to B
주요 의미 A를 B의 탓으로 돌리다

- We can attribute no fault to him.
  우리는 그에게 어떤 잘못도 탓할 수 없다.

② attribute(명사)
주요 의미 속성, 특질, 부속물, 한정

- Patience is the attribute that you must learn in this matter.
  이 문제에서 당신이 익혀야 할 자질은 인내이다.

① authorize + 명사

주요의미 인정하다, 권위를 주다

- Normally, every dictionary authorizes the two different spellings each pertaining to American and British Englishes.

  보통의 경우 모든 사전은 미국 영어와 영국 영어에 속한 두 개의 다른 철자를 인정한다.

② authorize + 명사 + to VR

주요의미 -에게 -하도록 권위를 부여하다

- He has been authorized to investigate the case to the bottom.

  그는 그 사건을 밑바닥까지 파헤칠 권위를 부여 받았다.

① avert + A + from B

주요 의미 A를 B로부터 돌리다, 비키다, 다른 데로 옮기다

- She always averts her eyes from the horrible scenes, watching movies.

  그녀는 영화를 보다가 무서운 장면에서는 늘 눈을 돌린다.

A 019 await [əˈweɪt] [어웨잇]

① **await + 명사**

주요 의미 기다리다, 주어가 -에게 마련되어 있다

- She has been awaiting your decision.
  그녀는 너의 결정을 기다리고 있다.

- Brighter days await you.
  더 좋은 날들이 너에게 마련되어 있다.

A 020 award [əˈwɔːrd] [어워-ㄹ-ㄷ]

① award + A + B

주요 의미 A에게 B를 주다, 수여하다

- The airline company awarded her a free first class ticket to Paris.
  그 항공사는 그녀에게 파리행 공짜 일등석을 수여했다.

- He should have been awarded the Nobel prize for physics.
  그는 노벨 물리학상을 받았어야 했다.

② award(명사)

주요 의미 상, 상품, 승소금, 지급판정, 수여, 월급인상

- You can ask for more than ten thousand dollars of award for the libel damage.
  당신은 명예훼손으로 만 달러 이상의 승소금을 요청할 수 있다.

- He has been nominated for the best supporting role award.
  그는 최우수 조연상 후보로 선정되었다.

02

B

021	babble	040	046	besiege	072	071	bowl	116
022	bag	041	047	bestow	073	072	box	117
023	bail	043	048	betray	074	073	brace	119
024	balance	044	049	bid	075	074	breathe	121
025	bang	046	050	bind	077	075	breed	123
026	banish	047	051	bite	080	076	brew	125
027	bank	048	052	blast	083	077	bridle	127
028	bar	050	053	bleed	085	078	brood	128
029	bare	052	054	blend	086	079	browse	129
030	bargain	053	055	bless	088	080	bruise	131
031	bark	055	056	blink	090	081	brush	132
032	barter	057	057	block	092	082	buck	134
033	base	058	058	blow	093	083	bug	135
034	bathe	059	059	blunder	096	084	build	136
035	batter	060	060	board	098	085	bulge	138
036	battle	061	061	boast	100	086	bully	139
037	begin	062	062	bob	102	087	bump	140
038	behave	063	063	bode	104	088	bundle	142
039	belie	064	064	boil	105	089	burn	144
040	bend	065	065	bolt	107	090	burst	147
041	benefit	066	066	book	109	091	button	149
042	bequeath	068	067	boom	111	092	bustle	150
043	bereave	069	068	bore	112	093	buy	151
044	beseech	070	069	bounce	113			
045	beset	071	070	bow	115			

B 021 babble ['bæbl] [배블]

① babble (자동사)

주요 의미 조잘대며 말하다, 시냇물을 주어로 하여 졸졸 흐르다

- The tourists all babbled in foreign languages around the statue.
  그 관광객들은 조각상 주변에서 모두가 외국어들로 조잘댔다.

- I like hearing a brook babble in the morning.
  나는 아침에 시냇물이 졸졸 흐르는 소리를 듣는 것을 좋아한다.

② babble + 명사

주요 의미 누설하다, 함부로 지껄이다

- They were warned not to babble out anything confidential.
  그들은 기밀을 함부로 조잘대지 않도록 경고 받았다.

③ babble (명사)

주요 의미 조잘대는 소리, 횡설수설, 아기의 옹알이, 졸졸 흐르는 소리

- My baby has just started to make babbles.
  나의 아기는 옹알이를 막 시작했다.

B 022 bag [bæg] [배액]

① bag + 명사
주요 의미 자루나 가방에 담다, 빨리 차지하다, 슬쩍 훔치다, 사냥감등을 담다

- If the fruits were bagged at the farm, some insecticide would remain over the surfaces of them.
  만약 농장에서 그 과일들이 담아진다면 농약성분이 다소 표면에 남을 것이다.

- Be quick and you can bag the best view table in the hall.
  서두르면 홀 안에서 최고전망의 자리를 차지할 수 있을 것이다.

② bag (자동사)
주요 의미 부풀어 오르다, 축 처지다, 불룩 튀어나오다

- The jeans have bagged at the knees.
  그 진바지는 무릎부분이 튀어나와 있다.

③ bag (명사)
주요 의미 자루, 손가방, 봉지, 많은 양(=lots), 처진 살, 잡은 사냥감

- Do you want paper bag or plastic bag?
  종이봉투와 비닐봉투 중 어떤 것을 원하시나요?

- He has bags under the eyes.
  그는 눈 밑 지방살이 나와 있다.

- Don't be disappointed. There are bags of chances.
  실망하지 마라. 기회는 많다.

B 023 bail [beɪl] [배이얼]

① bail + 사람 + (out)
주요 의미 일정한 금액을 내고 구치소에서 잠정적으로 나오게 하다

- Is there anybody who will bail you out?
  당신을 돈을 내고 보석신청으로 풀어줄 사람이 있습니까?

② bail + water (boat) + out
주요 의미 배의 바닥에 고인 물을 퍼내다

- They started to bail out the water before it was too late.
  너무 늦기 전에 그들은 배의 바닥에 물을 퍼내기 시작했다.

③ bail (명사)
주요 의미 보석, 보석금, 마구간의 가로막이, 성벽 내의 정원, 물 퍼내는 기구, 냄비 등의 반달형 손잡이

- If you commit another offence while you are out on bail, it may double the original punishment.
  당신이 보석으로 풀려나 있는 동안 다른 범죄를 저지르면 원래 처벌이 두 배가 될 수 있다.

- Do not grab the bails of the pot. They may be too hot.
  그 냄비의 손잡이를 잡지 마라. 너무 뜨거울지도 모른다.

B 024 balance ['bæləns] [밸런-ㅅ]

① balance + 명사
주요의미 무엇의 균형을 잡다, 상쇄시키다

- I can balance (myself) on one leg for a minute.
  나는 일 분간 한 다리로 균형을 잡을 수 있다.

- I expect next month's profit to balance the previous losses.
  나는 다음 달의 이익이 이전의 손실을 상쇄시킬 것이라고 기대한다.

- Lack of knowledge is balanced by eagerness to learn.
  지식의 부족은 배움의 열의로 상쇄된다.

② balance + A and (with) B
주요의미 두 개의 균형을 맞추다

- I was demanded to balance family life and(with) career.
  나는 가족생활과 직업의 균형을 맞추라고 요구받았다.

③ balance(명사)

주요 의미 균형, 잔고, 지불해야 할 잔금

- We must pay more attention to the delicate balance of ecosystem on the island.

    우리는 그 섬 생태계의 미묘한 균형에 좀 더 주목해야 한다.

- I will pay the balance of 50 dollars right after I check my bank balance.

    내가 은행잔고를 확인하고 잔금 50불을 바로 갚겠다.

B 025 bang [bæŋ] [배앵]

① bang + 탁자, 문, 의자, 올려놓거나 부딪히게 하는 물건
주요 의미 소리를 심하게 나게 하다

- Mom used to bang the pots and pans when she was upset.
  엄마는 언짢을 때 식기들을 쾅쾅거리며 다루곤 했다.

- People are likely to bang the door when they step out angry.
  사람들은 화나서 걸어 나갈 때 문을 쾅 닫는 경향이 강하다.

② 소리를 내는 물건이 주어 + bang
주요 의미 물건이 부딪히는 소리를 내다

- Doors and windows bang when the wind blows hard.
  바람이 세게 불 때 문들과 창문들이 소리를 내며 부딪친다.

③ bang (명사)
주요 의미 신체나 물건이 부딪힘, 혹은 부딪히며 나는 소리, 총소리

- I sometimes have a bang on the head because I am rather tall.
  나는 키가 꽤 커서 머리를 때로 부딪친다.

B 026 banish ['bænɪʃ] [배니쉬]

① be banished

주요 의미 추방당하다, 유배당하다

- He was banished to other countries, never to return to his father land.

  그는 다른 나라로 추방당해서 다시는 조국으로 돌아오지 못했다.

② banish + A + from B

주요 의미 A를 B에서 없애다

- The sight of his face banished all the hatred from my heart.

  그의 얼굴을 보자 내 마음에서 모든 증오가 사라지게 했다.

B 027 bank [bæŋk] [배앵-ㅋ]

① bank + 돈, 자금
주요 의미 돈을 은행에 넣다

- I would bank my jackpot money.
  나는 그 횡재수로 번 돈을 은행에 넣을 것입니다.

② bank with + 은행
주요 의미 특정 은행과 거래하다

- He has been banking with a bank which is notorious for washing black money.
  그는 검은 돈을 세탁하는 것으로 악명 높은 은행과 거래해 오고 있다.

③ 비행기 주어 + bank
주요 의미 비행기가 기울어져 날다

- Our plane banked softly to the left after the take-off.
  우리 비행기는 이륙 후 살짝 좌현으로 기울어져 날았다.

④ bank + 돌, 흙, 땔감

주요 의미 쌓다, 제방으로 만들다

- I want to bank the little stones up into a wall.
  나는 그 작은 돌들을 쌓아서 벽으로 만들고 싶다.

⑤ bank(명사)

주요 의미 은행, 은행처럼 무엇인가를 많이 모아둔 저장소, 둑, 길게 늘어선 모양, 회전구간도로의 경사면

- I will use a sperm bank when I want to have a baby.
  나는 아이를 낳고 싶을 때 정자은행을 이용할 것이다.

- The pavilion was built on the south bank of the Han River.
  그 정자는 한강의 남쪽 제방 위에 지어졌었다.

- You can see a bank of lights along the bank.
  당신은 제방을 따라 늘어선 긴 불빛을 볼 수 있다.

B 028　bar [bɑː(r)] [바-ㄹ]

① be barred
주요 의미 빗장이나 판자로 막혀있다

- The entrance was barred with a police notice on it.
  그 입구는 경찰통고문이 붙은 채로 빗장으로 막혀있었다.

② bar + 대상, 사람, 길
주요 의미 차단하다

- Several rocks are barring our advance.
  몇 개의 바위가 우리의 진행을 차단하고 있다.

③ bar A from + ing
주요 의미 A가 -하는 것을 막다

- They bar their players from drinking too much the night before a match.
  그들은 선수들이 시합 전 날 과음하는 것을 막고 있다.

④ bar(명사)

주요 의미 술집, 술집의 술을 마시는 긴 카운터, 특정 음식전문점, 긴 막대기, 봉, 색깔을 띠는 줄무늬, 띠, 장애물, 변호사직, 기압을 재는 단위

- He will be called to the bar before he can practice law.
  그는 변호사를 개업하기 전에 법정변호사를 하게 될 것이다.

- Is there any sandwich bar near here?
  이 근처에 샌드위치 전문점이 있나요?

- The bar was so crowded that I couldn't get to the bar.
  그 술집은 너무 붐벼서 나는 카운터까지 갈 수 없었다.

- The house has a three wooden bar gate, which can deliver several meanings.
  그 집은 나무 빗장 세 개짜리 문이 있는데 그것은 다양한 의미를 전달할 수 있다.

B 029 bare [beə(r)] [배어-ㄹ]

① bare + 신체의 일부
주요 의미 신체의 일부를 드러내다
- She agreed to **bare all her body** for the movie scene.
  그녀는 그 영화장면을 위해 전라를 보이기로 동의했다.

② bare (형용사)
주요 의미 벌거벗은, 헐벗은, 텅 빈, 가장 기본적인 것만을 갖춘

- **명사전치수식** : bare necessity, bare minimum, bare amount, bare information, bare essentials

- **Simple bare necessities** are out of stock.
  기본 생필품의 재고가 바닥났다.

- I like to walk around **in bare feet** on this pebble beach.
  나는 이 자갈 해변에서 맨 발로 걸어 다니고 싶다.

- My living room wall **is bare** except for a small drawing.
  나의 거실 벽은 작은 스케치 그림 하나를 제외하고는 텅 비어 있다.

B 030 bargain ['bɑːrgən] [바-ㄹ긴]

① bargain (자동사)
주요 의미 협상하다, 흥정하다
- Are you ready to bargain with them?
  그들과 협상할 준비가 되어 있는가?

② bargain for
주요 의미 예상하다
- Bad weather was more than I had bargained for.
  나쁜 일기는 내가 예상하지 못했던 것이다.

③ bargain + that 절
주요 의미 조건을 붙여서 교섭하다
- I tried to bargain that I should not work on weekends.
  나는 주말에는 일하지 않는 조건으로 교섭하려고 애썼다.

④ bargain away + 처분하는 물건
주요 의미 싸게 내놓다
- He bargained away the house where his parents had lived.
  그는 부모님이 살던 집을 싸게 내 놓았다.

⑤ bargain(명사)

주요 의미 협상, 거래, 약속, 싸게 산 물건

- I got this a bargain.
  나는 이것을 싸게 샀다.

- The two parties made a bargain to cease fire.
  양측은 휴전하자는 협정을 했다.

- That's a bargain, yes?
  그럼 결정된 것 맞지요?

B 031 bark [bɑːk] [바-어- ㄹ-ㅋ]

① bark

주요 의미 짖다

- The dog started to bark at us.
  그 개는 우리를 보고 짖기 시작했다.

② bark + 입에서 나올 수 있는 표현, 명령, 질문

주요 의미 소리를 내지르다

- The officer always barked out an order.
  그 장교는 늘 명령을 질러 댔다.

③ bark + 나무, 피부를 가진 부위

주요 의미 껍질을 벗겨내다

- Before you can make paper out of it, you must bark the tree.
  그것으로부터 종이를 만들어 내기 전에 당신은 그 나무의 껍질을 벗겨야 한다.

④ bark (명사)

주요 의미 나무 등의 껍질, 개 짖는 소리, 사람이 내는 짧은 소리

- A distant bark was heard across the river.
  강을 건너서 멀리 개 짖는 소리가 들렸다.

- His bark is worse than his bite.
  그 사람은 입은 사나워도 실제로는 그렇게 행동하지 않는다.

B 032 barter ['bɑːtə(r)] [바-ㄹ-터-ㄹ]

① barter A for B

주요 의미 B를 얻기 위해 A를 교환품으로 내놓다

- The colonists bartered gunpowder and guns for arable land.

  개척자들은 경작지를 얻기 위해 화약이나 총을 내 놓았다.

② barter away + 명사

주요 의미 별 것 아닌 것을 얻기 위해 더 중요한 것을 내버리다

- He finally bartered away his freedom for food.

  그는 마침내 먹을 것을 얻기 위해 자유를 내 놓았다.

③ barter with A for B

주요 의미 B를 얻기 위해 A와 거래하다

- They bartered with the natives for drinking water and food.

  그들은 마실 물과 음식을 위해 원주민들과 물물교환을 했다.

④ barter (명사)

주요 의미 물물교환

- There may be a barter system between those tribes.

  그 종족들 간에는 물물교환제도가 있을지도 모른다.

B 033 base [beɪs] [베이스]

① base A on B
주요 의미 A를 B에 근거시키다

- The movie is based on the novel by Carl Sagan.
  그 영화는 칼 세이건의 소설에 기반하고 있다.

② base (명사)
주요 의미 기반, 근거, 기지, 야구의 첫 기착지

- The base of the glass is well designed.
  그 잔의 기저부는 모양이 예쁘다..

- Does this theory have a physical base?
  이 이론은 물리학적 근거가 있는가?

- Where is the ideal base for touring the area?
  그 지역을 여행하기에 이상적인 근거지는 어디인가요?

③ base (형용사)
주요 의미 비열한, 야비한, 불순물이 섞인, 속된

- He acted from base intentions.
  그는 비열한 의도에서 행동했다.

B 034 bathe [beɪð] [베이th드]

① bathe + 명사
주요 의미 세척하다

- You do not bathe the affected area with contaminated water.
  오염된 물로 환부를 세척하면 안 됩니다.

② bathe(자동사)
주요 의미 목욕하다, 수영하다

- I always bathe after I bathe in the river.
  나는 강에서 수영을 하고 난 후 늘 목욕을 한다.

③ bathe(명사)
주요 의미 수영

- Would you like to go for a bathe in the moony night?
  달밤에 수영하러 가는 것을 좋아 하십니까?

B 035 batter ['bætə(r)] [배터-ㄹ]

① batter + 명사 + down / to pieces
주요 의미 손상이 생길 정도로 강타하다

- The rioters battered the windows to pieces.
  폭도들이 창문들을 박살냈다.

② batter (자동사)
주요 의미 연속해서 두들기다

- She battered at the door.
  그녀는 문을 계속 두드렸다.

③ batter (명사)
주요 의미 밀가루 등으로 만든 걸쭉한 반죽, 튀김옷, 야구의 타자

- You are to keep stirring batter in the bowl.
  당신은 그릇에 있는 반죽을 계속 저어야 한다.

B 036 battle ['bætl] [배틀]

① battle(자동사) + with / against / for
주요 의미 싸우다, 투쟁하다

- I have been battling hard to make both ends meet.
  나는 빚지지 않고 살아가려고 애쓰고 있다.

- He seems to be battling with his tuberculosis.
  그는 결핵과 싸우고 있는 것처럼 보인다.

② battle it out
주요 의미 해결을 보다, 결판을 내다

- O.K. Let's battle it out in the next match.
  그러면 다음 싸움에서 결판을 내자.

③ battle(명사)
주요 의미 전투

- We will soon be in a battle royal.
  우리는 곧 큰 전투에 들어가게 된다.

B 037 begin [bɪˈgɪn] [비긴]

① begin + 명사 / to VR / ing
주요 의미 -을 시작하다, -하기 시작하다

- I began my military career in the 2nd Infantry Division.
  나는 제 2 보병사단과 함께 내 군 경력을 시작했다.

- They began talking about how they could make the batter.
  그들은 그 반죽을 어떻게 만들 수 있는지에 대해 말하기 시작했다.

- It began to snow in the evening.
  저녁에 눈이 오기 시작했다.

② begin (자동사)
주요 의미 시작하다, 시작되다, 출발하다

- What began as a joke turned into a serious scandal.
  농담으로 시작된 것이 심각한 추문으로 바뀌었다.

- Let's begin at chapter 2.
  2장에서 시작합시다.

- When does the performance begin?
  공연은 언제 시작되나요?

- I am always curious about where Asia begins and Europe ends.
  나는 어디서 아시아가 시작되고 유럽이 끝나는지 늘 궁금하다.

B 038　behave [bɪˈheɪv]
[비헤이-v]

① behave(자동사) + (부사 상당어)
주요 의미 처신하다, 행동하다, 속성대로 움직이다

- He behaved as if nothing had happened.
  그는 마치 아무 일도 없었던 듯이 행동했다.

- Please behave like a gentleman.
  신사답게 행동해 주세요.

- We will find out how this metal behaves under pressure.
  우리는 이 금속이 압력을 받으면 어떻게 움직이는지를 알아낼 것이다.

② behave + (oneself)
주요 의미 예의 바르게 행동하다

- She seems to know how to behave before me.
  그녀는 내 앞에서 예의 바르게 행동하는 법을 아는 것 같다.

- I want you to behave yourselves with the new comer.
  나는 당신들이 그 신입에게 예의바르게 행동하기를 원한다.

B 039 belie [brˈlaɪ] [빌라이]

① belie + 명사

주요 의미 -을 믿지 못하게 만들다, 허위임을 보여주다

- His look belies his age.

  그의 겉모습은 그의 나이를 믿지 못하게 만든다.

- The number of homeless people on the streets belies government's claim that the poverty has been conquered.

  노숙자들의 숫자는 가난이 정복되었다는 정부의 주장이 허위임을 보여준다.

B 040 bend [bend] [벤-드]

① bend + 명사
주요 의미 구부러지다, 굽히다

- Do not bend your knees when you pay attention.
  집중할 때 무릎을 구부리지 마라.

② bend (자동사)
주요 의미 구부러지다, 굽히다

- The river bends sharply to the right at that point.
  강은 그 지점에서 급격하게 우측으로 구부러진다.

- He bent and looked at the small bug on the floor.
  그는 몸을 구부려서 바닥에 있는 조그만 벌레를 보았다.

③ bend (명사)
주요 의미 굽이, 굽은 곳

- There is a sharp bend ahead so please slow down.
  전방에 급커브가 있으니 속도를 줄여라.

B 041 benefit ['benɪfɪt] [베너핏]

① benefit(자동사) + (from + A)

주요 의미 (A로부터) 득을 보다

- If you guess who can **benefit from the policy**, you can figure out why there was a sudden change.

  누가 그 정책으로 득을 볼 수 있을지를 추측한다면 왜 갑작스런 변화가 있었는지를 알아낼 수 있을 것이다.

② benefit + 명사

주요 의미 ~에게 득을 주다

- Can you make out a plan which will **benefit all the people concerned**?

  당신은 관계자 모두에게 득을 줄 계획을 만들어 낼 수 있는가?

③ benefit(명사)

주요 의미 혜택, 이득, 보조금, 보험금

- In your country, you can easily have **the benefit of having college education** for free.

  당신의 나라에서는 공짜로 대학교육을 받은 혜택을 쉽게 누릴 수 있을 것이다.

- You can ask for **unemployment benefit** while you are searching for another job.

  다른 직업을 물색하는 동안 **실업보조금**을 신청할 수 있을 것이다.

- Will they receive substantial **cash benefits** even if I die in a suicidal case?

  내가 자살로 죽는다 해도 그들이 상당한 **보험금**을 받는가요?

B 042 bequeath [bɪˈkwiːð]
[비퀴이thㅅ]

① **bequeath + A + B = bequeath B + to A**

주요 의미 A에게 B를 유산으로 남기다

- All he will bequeath to us is no more than 10,000 dollars.
  그가 우리에게 유산으로 남길 모든 것은 만 달러를 넘지 않는다.

- No one has ever **bequeathed a nobler legacy to his country** than Ahn, the patriot.
  애국자 안중근보다 조국에 더 고귀한 유산을 남긴 사람은 없다.

B 043 bereave [brʹriːv] [비륖이v]

① be bereaved

주요 의미 가족이나 친지 또는 가까운 사람과 사별하다

- For those who have been recently bereaved in the disaster, we will not give a feast or party for the time being.

  그 재앙에서 최근에 가족을 잃은 사람들을 위해, 우리는 당분간 축제나 파티를 열지 않을 것입니다.

② bereave A of B

주요 의미 A에게서 B를 빼앗다

- Do you think you can bereave yourself of drinking and smoking?

  음주와 흡연을 금할 수 있겠습니까?

B 044 beseech [brˈsiːtʃ] [비시이치]

① beseech + 명사
주요 의미 -을 간청하다

- I will **beseech a final interview** at which I will surely persuade him.
  그를 확실하게 설득할 마지막 면회를 신청하겠다.

② beseech + 명사 + to VR
주요 의미 -에게 -할 것을 간청하다

- No one can **beseech me to show mercy** one more time.
  나에게 한 번 더 자비를 보여 달라고 간청할 사람은 없다.

③ beseech that S + should(may) + V
주요 의미 -가 -해야 한다고, 하게 해 달라고 간청하다

- Galileo **beseeched that** he should not leave his country for punishment.
  갈릴레오는 벌로 조국을 떠나지 않게 해 달라고 간청했다.

B 045　beset [bɪˈset] [비셋]

① be beset by(with)

주요 의미 - 의해 괴롭힘을 당하다, 포위당하다

- There is a good chance of being beset by enemies if we take the route.
  우리가 그 길을 택한다면 적에게 포위될 가능성이 크다.

- The king was being beset with so many entreaties and complaints.
  그 왕은 많은 탄원과 항의로 시달림을 당하던 중이었다.

② beset + 명사

주요 의미 -를 괴롭히다, 시달리게 하다, 방해하다

- If there is a peril that besets his path to success, it is you.
  그의 성공가도를 방해하는 하나의 위험이 있다면 그것은 당신이다.

B 046 besiege [bɪˈsiːdʒ] [비시취]

① be besieged

주요 의미 포위당하다

- We can not afford to **be besieged**, because we are running short of food and water.

  우리는 포위당할 여력이 없다, 왜냐하면 물과 식량이 떨어져가기 때문이다.

② besiege + 명사

주요 의미 둘러싸다, 포위하다

- K-pop fans began to **besiege the band** for their autographs and hugs.

  한국대중가요 팬들이 사인과 포옹을 구하기 위해 그 밴드를 둘러쌓다.

B 047 bestow [bɪˈstoʊ] [비스토우]

① **bestow + A on B**

주요 의미 A를 B에게 수여하다, 허락해주다

- I had no time to bestow my thought on my family.
나는 가족에게 생각을 허락할 시간을 갖지 못했다.

- Will you please bestow a favor on me?
나에게 호의를 허락하시겠습니까?

B 048 betray [brˈtreɪ] [비트뤠이]

① betray + A + (to B)

주요 의미 A를 (B에게) 넘기다, 팔아먹다

- You will be offered money to betray me.
  나를 넘겨주는 대가로 돈을 제공받을 것이다.

- They were caught betraying important information to the enemy.
  그들은 적에게 중요한 정보를 넘기다가 붙들렸다.

② betray + 사람, 신뢰, 믿음

주요 의미 배신하다, 저버리다

- If you ever betray my trust, you will never have it again.
  당신이 나의 신뢰를 배신하면 다시는 그것을 갖지 못할 것이다.

- He is thought to have betrayed his former principles and ideals.
  그의 예전의 원칙과 이상들을 저버렸다고 여겨진다.

③ betray + 명사 + to be + 보어

주요 의미 목적어가 -임을 노출시키다

- His accents betrayed him to be a foreigner.
  그의 억양은 그가 외국인임을 노출시켰다.

B 049 bid [bɪd] [비잇]

① bid + 명사 + VR

주요 의미 -에게 -하라고 명령하다

- The general bade his man call the spy to his room.
  장군은 부하에게 그 첩자를 그의 방으로 불러오도록 명했다.

② be bidden to VR

주요 의미 -하라고 명령을 받다

- I was bidden to stay until he gave me a sign.
  나는 그가 신호할 때까지 머물라는 명령을 받았다.

③ bid + A + B

주요 의미 A에게 B를 말로 고하다

- He bade us farewell and left without any further remarks.
  그는 우리에게 작별을 고하고 더 어떤 언급도 하지 않고는 떠났다.

④ bid + 가격, 값 + for B

주요 의미 B를 얻기 위해 어떤 값을 불러 입찰하다

- I thought I bade a good price for that item, but I lost the bidding.
  나는 그 품목을 얻기 위해 꽤 좋은 가격을 불렀지만 입찰에 실패했다.

⑤ bid(자동사) + for / against

주요 의미 얻기 위해 혹은 상대를 물리치는 입찰을 하다

- No one is going to bid against him for the house.
  그 집을 얻기 위해 그를 입찰로 물리칠 사람은 없을 것이다.

⑥ bid(명사)

주요 의미 입찰, 노력

- I made a bid for fame but in vain.
  나는 명성을 얻으려고 애썼지만 허사였다.

B 050 bind [baɪnd] [바인-드]

① bind + 명사

주요 의미 묶다

- The mob bound my hands together and dragged me out of my house.
  그 폭도들은 나의 양손을 묶고 나를 집에서 끌고 나갔다.

- We were bound to each other by a long and close friendship.
  우리는 오랜 그리고 가까운 우정으로 서로 결속되어 있었다.

- Fast bind, fast find.
  단단히 단속하면 늘 쉽게 찾을 수 있다.

② be bound to + 의무, 명분

주요 의미 어떤 의무나 명분에 사람을 옭아매다

- He was bound to the secrecy.
  그는 비밀을 지킬 의무가 있었다.

③ be bound + to VR = bind oneself to VR

주요 의미 -할 의무가 있다

- I am not bound to please you with my answer.
  내 대답으로 당신을 기쁘게 할 의무는 없다.

- I bound myself to deliver the goods by the end of this month.

  이달 말까지는 그 물품을 인도하겠다고 약속했다.

- The agreement binds her to get back to the place where she once belonged.

  그 계약은 그녀가 몸담았던 곳으로 그녀가 돌아오도록 의무를 지우고 있다.

---

④ be bound as + 명사

주요 의미 -로서 속박당하다

- I was bound as an apprentice to a carpenter.

  나는 목수가 되기로 도제계약에 묶였다.

---

⑤ bind + 물건의 가장자리

주요 의미 튼튼하게 풀어지지 않도록 매듭을 만들다, 제본하다

- The book is bound in leather.

  그 책은 가죽으로 제본되어 있다.

- My carpet is bound with satin.

  나의 카펫은 새틴으로 가장자리가 마감되어 있다.

---

⑥ bind + 명사

주요 의미 굳히다

- Avoid food that binds your bowels.

  변비를 일으키는 음식을 피해라

⑦ bind (자동사)

주요 의미 굳어지다, 튼튼해지거나 단단해지다

- Clay binds when it is baked.
  점토는 구우면 굳어진다.

⑧ bind (명사)

주요 의미 붕대, 끈, 줄, 실, 곤경

- He seems to be in a bind.
  그는 곤경에 처한 것처럼 보인다.

B 051 bite [baɪt] [바잇]

① bite + 명사
주요 의미 물다, 깨물다, 베어 물다

- I used to **bite my nails**, which have deformity.
  나는 **손톱을 물어뜯는** 버릇이 있었고 내 손톱이 기형이다.

- He **bit off** too big a chunk of the bread.
  그는 그 빵 덩어리를 너무 크게 **베어 물었다**.

- He **bit the rope** through.
  그는 그 **로프를 물어**서 끊었다.

- The snake **bit me in the foot**.
  그 뱀이 **내 발을 물었다**.

- **Once bitten**, twice shy.
  한 번 호되게 당하고 나면 다음부터는 조심한다.

- Do not **bite the hand that feeds you**.
  은혜를 원수로 갚지 마라.

- He was struggling to **bite off more than he can chew**.
  그는 씹을 수 있을 것 이상을 물어뜯으려고 애쓰고 있었다.

② **한기, 서리, 산성물질(주어) + bite + 명사**
   주요 의미 스며들다, 상하게 하다, 부식시키다

   - His left leg was bitten by frost.
     그의 왼발이 동상에 걸렸다.

   - Acid bites metal but this alloy cannot be bitten.
     산은 금속을 부식시키지만 이 합금은 부식되지 않는다.

③ **톱니바퀴 주어 + bite + 명사**
   주요 의미 맞물리다

   - The wheels loosely bite the rails.
     바퀴들이 철로에 느슨하게 맞물린다.

④ **be bitten in a + fraud, swindle, conspiracy**
   주요 의미 사기당하다, 유혹 등에 넘어가다

   - I got bitten in a pharming.
     나는 파밍에 사기당했다.

⑤ **bite(자동사) (+ at A)**
   주요 의미 물다, -을 물려고 하다, 나쁜 영향을 미치다

   - Do not be afraid, My dog never bites unless it is beaten.
     겁내지 마라. 내 개는 두들겨 맞지 않는다면 물지 않는다.

   - The fish here never bite at the bait.
     여기 물고기들은 미끼를 물려고 하지 않는다.

⑥ bite (명사)

주요 의미 물기, 한 입 깨물어 먹는 분량, 소량의 음식, 물린 상처, 동상, 통증

- The cats seem to bite at each other but they give each other playful bites.
  그 고양이들은 서로를 물려고 하는 것처럼 보이지만 실제로는 장난스레 무는 것이다.

- I gave a couple of bites of the burger and it was gone.
  나는 두 번 뜯어먹었을 뿐인데 그 버거는 없어졌다.

- Let's go for a bite before we enter into the discussion.
  토론에 들어가기 전에 뭐 좀 간단히 먹자.

- They are just mosquito bites.
  그것들은 단지 모기에 물린 자국들이다.

- Red pepper will add extra bite to the noodle.
  붉은 고추는 그 국수에 자극적인 맛을 더할 것이다.

- No bites at all and I will move to another angling point.
  입질이 전혀 없어서 다른 포인트로 옮겨갈 것이다.

B 052 blast [blæst] [블래스-ㅌ]

① blast + 명사
주요 의미 폭파하다, 폭파의 결과로 만들어 내다

- The missile blasted the passenger jet in the sky.
  그 미사일은 민간여객기를 하늘에서 폭파했다.

- Instead of detouring, they finally decided to blast a tunnel through the mountain.
  그들은 우회하는 대신 마침내 그 산을 뚫어 터널을 만들기로 결심했다.

② blast + 작품, 소설, 영화, 논평의 대상
주요 의미 혹평하다

- At first, the movie was blasted by all the critics.
  그 영화는 처음에는 모든 비평가들에게 혹평을 당했다.

③ blast + 물, 흙, 모래, 공기, 가스
주요 의미 거세게 뿌리다, 흩뿌리다

- The police were condemned to have blasted too much water cannon.
  경찰은 너무 많은 물대포를 쏜 것으로 비난받았다.

④ blast + 생명체, 명예, 건강

주요 의미 손상을 입히다, 시들게 하다, 망가뜨리다

- His fame and health were blasted by the scandal.

  그 추문으로 그의 명예와 건강이 망가졌다.

⑤ blast (명사)

주요 의미 폭파, 거센 강풍, 강력한 타격, 독한 기운, 야단스러운 파티, 맹비난

- The blast for prison governor led the prosecutors to investigate the Shawshank Redemption.

  교도소장에 대한 맹비난이 검찰로 하여금 쇼생크 감옥을 조사하게 만들었다.

- Do you remember the blast of hot, humid air hitting us when we stepped off the trap?

  우리가 트랩을 내려올 때 불어오던 그 뜨겁고 습기 찬 더운 바람을 기억하는가?

- Please put out the candles at one blast.

  한 번 훅 불어서 그 초들을 꺼주세요.

- Do not step on the area off limit. There have been mine blasts.

  출입금지 지역을 밟지 마세요. 지뢰폭발이 있었습니다.

B 053 bleed [bliːd] [블리이-ㄷ]

① 생물, 신체의 부위, 상처 주어 + bleed
주요 의미 상처에서 피가 나다, 주어가 피를 흘리다

- The cut is bleeding, We need to stop it first.
  상처에서 피가 흐르니까 우선 지혈을 해야 한다.

- Look. His nose is bleeding.
  그의 코에서 피가 난다.

- Her heart bled at the poor sight.
  그녀는 그 비참한 광경에 가슴이 아팠다.

② bleed + 신체부위, 생물, 환자
주요 의미 -에서 피를 뽑다

- Doctors those days used to bleed the sick as a means of curing them.
  그 당시 의사들은 치료의 수단으로 환자들에게서 피를 빼곤 했다.

B 054 blend [blend] [블렌-드]

① blend + A and (with) B / 복수명사
주요 의미 A와 B를 섞다, -들을 섞다

- We need to blend our blood for our success.
  성공을 위해 피를 섞어야 한다.

- The two crooks blend their waters at this point.
  그 두 시냇물은 여기서 합류된다.

- Blend the flour with the milk and make batter.
  밀가루와 우유를 섞어서 반죽을 만들어라.

② 복수주어(A and B) + blend / blend with A
주요 의미 섞이다, -와 섞이다

- Oil and water do not blend unless they are in weightless status.
  무중력 상태가 아니라면 기름과 물은 섞이지 않는다.

- He doesn't want to blend with the rest.
  그는 나머지 사람들과 섞이길 원하지 않는다.

③ blend (명사)

주요 의미 혼합물, 조합

- This coffee is a blend of Java and Mocha.
  이 커피는 자바와 모카의 혼합물이다.

B 055 bless [bles] [블-레-ㅅ]

① bless + 명사
주요 의미 신성하게 하다, 신에게 바치다

- They brought bread made from first harvested wheat and blessed it at the altar.
  그들은 첫 수확한 밀로 만든 빵을 가져와서 제단에 바쳤다.

- Will you please bless my blind child?
  나의 눈 먼 아이를 축복해 주세요.

② bless + 명사
주요 의미 감사하게 생각하다

- I blessed him for his kindness and charity.
  나는 그의 친절과 자비에 감사했다.

③ bless + 명사
주요 의미 축복하다, 수호하다, 지켜주다

- God bless my country forever.
  신이시여 조국을 지켜주십시오.

- **May this family** be blessed with prosperity and happiness.
  이 가족이 행복과 번영으로 **축복받기를**!

- God bless me.
  지켜주소서, 이런, 아이쿠, 저런, 아차, 큰일 났네.

B 056 blink [blɪŋk] [블링-ㅋ]

① blink (at + 명사)
주요 의미 (-에게) 눈을 깜빡이다, 훔쳐보다, 힐끗 보다, -에 놀라다
- The man blinked at me.
  그 남자는 나를 힐끗 보았다, 나에게 눈을 깜빡였다.

② blink at + 과실, 잘못, 실수
주요 의미 눈감아 주다
- Boss blinked at my mistype.
  사장님은 나의 잘못된 타자를 눈감아 주었다.

③ blink away + 명사
주요 의미 무시하다, 깜빡여서 없애다
- She tried to blink away the tears in her eyes.
  그녀는 눈물을 깜빡여서 떨구려고 애썼다.

- You cannot blink away the fact that there was a violent offence from the police.
  경찰들로부터 폭력적 위법이 있었다는 사실을 당신은 무시할 수 없다.

④ **blink**(명사)

주요 의미 깜빡임, 짧은 순간, 힐끗 보기

- All my life seems to have passed in the blink of an eye.
눈 깜빡 할 사이에 인생이 다 간 것처럼 보인다.

B 057 block [bla:k] [블락]

① block + 길, 목표, 행동, 의도, 적

주요 의미 방해하다, 막다, 봉쇄하다

- The railroad can be blocked in snow.
  철길이 눈으로 봉쇄될 수 있습니다.

- You are not to block the stairways with bicycles or boxes.
  상자나 자전거로 계단을 막아서는 안 됩니다.

- My sink seems to be blocked.
  싱크대가 막힌 것 같아요.

- The trees block our view to the ocean.
  그 나무들이 우리의 바다전망을 막고 있다.

② block (명사)

주요 의미 덩어리, 토막, 받침판, 도로의 한 구획, 방해물, 행동방해, 커다란 묶음, 큰 건물, 단지

- The hotel is just 3 blocks away from the city center.
  그 호텔은 시 중심가에서 단지 3 구획 떨어져 있다.

- You can find an office block to your right.
  오른쪽에 사무용 건물이 있을 것이다.

- Almost all airlines offer block booking at a lower price.
  거의 모든 항공사는 저렴한 가격의 단체예약을 제공한다.

B 058 blow [bloʊ] [블로우]

① 바람 주어(it, wind) + blow
주요 의미 바람이 불다
- There is a strong wind blowing from the north during winter seasons.
  겨울철에는 강한 북풍이 분다.

② 모래, 서류, 털, 먼지 등의 주어 + blow
주요 의미 흩날리다
- Yellow sand dust blows over the whole city.
  황사가 도시전역에 흩날린다.

③ 경적, 피리 주어 + blow
주요 의미 소리 내다
- The whistle blows 3 times a day.
  하루에 세 번 경적이 울린다.

④ 전구, 타이어 주어 + blow
주요 의미 전구가 끊어지다, 타이어에 구멍이 나다
- The fuse has blown out.
  퓨즈가 나갔다.

www.properenglish.co.kr 093

⑤ blow + 명사
주요 의미 -을 불어 날리다

- The wind blew all the curtains in the classroom.
  바람이 교실에 있는 모든 커튼을 불어 날렸다.

- It is an ill wind that blows nobody any good.
  누구에게도 이익이 되지 않는 방향으로 부는 바람은 없다. (A의 불행은 B의 행복)

- My hat was blown off by the blast.
  나의 모자가 돌풍에 날아갔다.

- We had to blow the dust off the table before we could set the supper.
  우리는 저녁식사를 차리기 전에 테이블에서 먼지를 불어내야 했다.

⑥ blow + (up) 풍선, 거품, 방울, 타이어
주요 의미 불어서 부풀어 오르게 하다

- They still use the same way of blowing glass.
  그들은 불어서 유리잔을 만드는 방법을 아직 사용하고 있다.

⑦ blow + 피리, 관악기
주요 의미 악기를 불어서 소리 나게 하다

- Can you blow the Swiss horn?
  당신은 스위스 혼을 불 수 있는가?

- He blows his own horn.

  그는 허풍을 떤다.

---

⑧ blow + nose

주요 의미 코를 풀다

- You can blow your nose while dining.

  식사 중에 코를 풀어도 된다.

---

⑨ blow out + 명사

주요 의미 폭파하다, 끄다

- I am going to blow out your head unless you give the information.

  그 정보를 주지 않으면 머리통을 날려버리겠다.

- The candle was blown out by a gust of wind.

  촛불은 바람이 불자 꺼졌다.

---

⑩ blow (명사)

주요 의미 불기, 코풀기, 허풍, 강한 타격

- You had better give your nose a good blow.

  코 한번 시원하게 푸세요.

- The first blow is half the battle.

  선제공격이 전투의 절반이다.

B 059 blunder ['blʌndə(r)] [블런더]

① blunder + (away) + 명사

주요 의미 실수하다, 실수로 날리다

- He blundered out the secret and was forced to pay for it.
  그는 실수로 비밀을 누설했고 그 대가를 치뤄야 했다.

- Be very careful not to blunder away this good opportunity.
  이 좋은 기회를 날리지 않도록 조심해라.

② blunder(자동사)

주요 의미 큰 실수를 하다, 비틀거리다

- He has blundered in handling the affair twice so far and no mercy this time.
  그는 그 문제를 처리하는데서 두 번이나 큰 실수를 했고 이번에는 용서 없다.

- He blundered off the staircase.
  그는 층계에서 실족했다.

③ blunder(명사)

주요 의미 큰 실수

- Prime minister seems to be in a series of political blunders.
  총리는 일련의 정치적 실수를 한 것처럼 보인다.

B 060 board [bɔːrd] [보어-ㄹ-ㄷ]

① board + 명사

주요 의미 -에 판자를 깔다, 숙식을 제공하다, 배, 비행기, 열차 등에 승선하다

- Instead of boarding the floor, I will have tiles laid.
  바닥에 나무를 까는 대신에 타일을 깔 것이다.

- Can you board more than 4 students at once?
  동시에 4명의 학생을 하숙시킬 수 있습니까?

- Passengers now board at gate 5.
  승객여러분 5번 탑승구에서 탑승해주세요.

② board (자동사)

주요 의미 식사하다, 기숙하다

- My little brother has been boarding at my house for 4 years.
  어린 남동생이 나의 집에서 4년째 기숙하고 있다.

③ board (명사)

주요 의미 판자, 게시판, 장기판, 무대, 식탁, 이사회, 회의, 배의 선내

- When you rip up the carpet, you will see the bare board.
  카펫을 걷어내면 맨 바닥이 보일 것이다.

- Do not walk up the diving board.
  다이빙대 위에 올라가지 마세요.

- You can show your calculation process on the board.
  칠판에다 계산과정을 보여주세요.

- I will have a seat on the board of directors.
  나는 이사진들 중 한 자리를 차지할 것이다.

- She has been treading the boards for 10 years.
  그 여자는 십 년째 무대생활을 하고 있다.

B 061 boast [boʊst] [보우스-트]

① bark + of / about
주요 의미 자랑하다

- He wanted to boast but he just smiled at them, saying nothing about his achievement.
  그는 자랑하고 싶었지만 그의 업적에 대해 아무런 말도 없이 그들을 보고 미소만 지었다.

- He tends to boast of his children doing well in school.
  그는 아이들이 학교에서 잘해내고 있는 것을 자랑하는 경향이 있다.

② boast + that 절
주요 의미 어떤 사실을 자랑스러워하다

- He boasted only that he never gave up knocking at the door of destiny.
  그는 운명의 문을 두드리는 것을 포기한 적이 없다는 사실만을 자랑스러워했다.

③ boast + 명사
주요 의미 자랑스럽게 보유하다

- The resort boasts spacious rooms and tasty food.
  그 리조트는 널찍한 방과 맛있는 음식을 가지고 있다.

④ boast(명사)

주요 의미 자랑

- In spite of her endless boasts, her sons have very greedy and selfish properties.

  그녀의 끊임없는 자랑에도 불구하고 그녀의 아들들은 매우 탐욕스럽고 이기적 기질이 있다.

B 062　bob [bɑːb] [바압]

① bob + 명사 / a greeting
주요 의미 까닥거리다, 까닥거리며 인사하다

- In his painting, Sezanne depicted the tiny boats bobbing up and down in the little harbour.

  그의 그림에서 세잔은 작은 항구에서 조그만 배들이 물결에 까닥대는 것을 묘사했다.

② bob + hair
주요 의미 단발로 머리 자르다

- She bravely bobbed her hair and showed a tomboy look.

  그녀는 용감하게 단발로 머리를 자르고 말괄량이 외모를 보였다.

③ bob around
주요 의미 여기저기 쏘다니다

- You would be a new comer here, standing a good chance to be a prey, so do not bob around especially at night.

  당신은 여기서는 낯선 사람이니 희생당할 가능성이 크다. 그러므로 특히 밤에는 쏘다니지 마라.

④ bob at

주요 의미 놀이에서 매단 것을 물려고 하다

- I was just asked to **bob at the hanging cookies** with my arms tied back.

  나는 손을 뒤에 묶인 채로 그 매달린 쿠키를 입에 물라는 요구를 받았다.

⑤ bob (명사)

주요 의미 까닥거림, 단발머리

- The little plastic duck is on the dash board, **making endless bobs** of its head.

  그 작은 플라스틱 오리는 계속 머리를 까닥거리면서 대쉬보드 위에 있다.

B 063 bode [bóud] [보우-ㄷ]

① bode well
주요 의미 좋은 징조이다

- Those figures do not bode well for the stable growth of the company.

  이런 수치들은 그 회사의 지속적 성장에게는 좋은 징조이다.

② bode ill
주요 의미 나쁜 징조이다

- The eruption of the volcano boded ill for the air travel and tourism.

  그 화산의 분출은 항공여행과 관광에는 나쁜 징조였다.

B 064 boil [bɔɪl] [보이얼]

① boil + 명사

주요 의미 끓이다, 삶다, 데치다, 삶아서 하는 요리를 하다

- Be careful not to **boil the water**. Just warm it to 30 degrees celsius.
  물을 끓이지 않도록 조심하라. 섭씨 30 정도로만 물을 데워라.

- I will **boil the whole kettle** of green tea.
  녹차를 한 주전자 끓이겠습니다.

- May I **boil some eggs** for you?
  달걀을 삶아드릴까요?

- You **boil rice** and I do the dishes.
  당신이 밥을 하고 나는 설거지를 한다.

② 액체주어 + boil

주요 의미 끓다

- Her pot **boiled so long** and dry.
  그녀의 주전자는 너무 오래 끓어서 증발했다.

③ 사람, 감정 주어 + boil

주요 의미 화가 나서 부글거리다

- The boss was so boiling that he finally decided to fire the shrewd secretary.
  사장은 너무 화가 나서 마침내 그 약삭빠른 비서를 해고하기로 마음먹었다.

- I could feel his anger boiling up inside.
  나는 그의 분노가 속에서 부글거리는 것을 느낄 수 있었다.

④ boil down + 명사

주요 의미 졸이다, 요약하다

- Let me get it straight and boil it down in a word.
  다시 한 번 확실하게 해서 한 줄로 그것을 요약해 볼게.

⑤ boil (명사)

주요 의미 비등, 끓임, 가장 활발한 상태

- Now the stock markets in all four countries are on the boil.
  그 4국가의 주식시장이 활황이다.

- The second date with him went off the boil.
  그와의 두 번째 데이트는 첫 번째보다 못했다.

B 065 bolt [boult] [볼-트]

① bolt + gate / door
주요 의미 빗장을 지르다

- They always bolted the main gate after sunset till sunrise.
  그들은 해가 진 후 해 뜰 때까지 정문을 늘 빗장 걸어둔다.

② bolt + A to B / A and B together
주요 의미 A와 B를 볼트로 접합하다

- The big hood must be tightly bolted to the main frame.
  그 커다란 앞덮개는 본체에 단단하게 볼트로 조여져야 한다.

③ bolt + 음식
주요 의미 급하게 먹다

- If you bolt the rice cake, you may be choked.
  당신이 그 떡을 급하게 먹으면 질식할 수도 있다.

④ bolt + 정당, 정파
주요 의미 지지를 철회하다

- It should be encouraged that members of congress should bolt their party to Vote opposite party depending

on individual issues.
개별적 쟁점들에 따라 국회의원들은 자기 정파를 버리고 상대정당에게 투표하도록 독려되어야 한다.

---

⑤ bolt(자동사)

주요 의미 갑자기 달아나다, 놀라서 도망치다

- When the strange noise from the horn was heard, two horses bolted down the road.
  그 이상한 나팔소리가 들렸을 때 말 두 마리가 놀라 달아났다.

---

⑥ bolt(명사)

주요 의미 빗장, 너트의 숫 나사 볼트, 번개불의 번쩍임, 석궁용 화살, 옷감의 한 필

- The bolt of the gate was loosened and needed tightening.
  그 문의 빗장이 느슨해져서 조임이 필요하다.

- They are like bolts and nuts, always doing things together.
  그들은 나사의 암수와 같아서 늘 함께 일을 한다.

- So many bolts of thunder were heard through the night.
  밤새 수많은 천둥소리가 들렸다.

- They carried beautifully dyed bolts of silk to the palace.
  그들은 아름답게 염색된 비단 여러 필을 궁궐로 옮겼다.

B 066 book [bʊk] [북]

① book + 예약을 필요로 하는 장소, 시설, 자리
주요 의미 예약하다

- Hurry up or you will find all the seats booked up.
  서두르지 않으면 모든 자리가 예약되어서 없을 것입니다.

② book + 사람
주요 의미 사람을 특정한 시설에 예약시키다

- Shall I book you on first class?
  일등석에 예약해 드릴까요?

- My supervisor has booked a special rock band for the ceremony.
  나의 상사가 그 의식을 위해 특별한 락밴드를 예약해 두었다.

③ book + 사람
주요 의미 범법자를 명부에 올려놓다

- He has been booked for long for possessing and using illegal drugs.
  그는 불법약품의 소지와 이용으로 오래 동안 전과기록이 있다.

④ **book**(명사)

주요 의미 책, 도서, 종이의 묶음, 회계장부, 기록대장

- I have a checkbook, which I do not use often in preference to credit cards.

  나는 발행용 수표다발이 있지만 신용카드를 선호하여 자주 쓰지는 않는다.

B 067 boom [buːm] [부움]

① boom (자동사)
주요 의미 커다란 소리를 내다

- Then the time bomb boomed as set, demolishing the facilities.
  그 후 그 시한폭탄은 예정대로 쾅소리를 내었고 그 시설들을 허물었다.

② 사업, 경기, 경제주체, 지표 + boom
주요 의미 호황을 맞이하다, 번창하다

- Who knew that industry could boom by the end of 2010.
  2010년 말에 그 사업이 호황을 맞을 수 있다는 것을 누가 알았는가?

③ boom (명사)
주요 의미 호황, 유행, 인기, 큰 소리

- No one could expect the boom of rental business.
  누구도 대여업의 황황을 예측할 수 없었다.

- I heard a distant boom of a cannon.
  나는 멀리서 대포소리를 들었다.

B 068 bore [bɔː(r)] [보어-ㄹ]

① bore + 사람
주요 의미 사람을 지루하게 만들다

- My story isn't boring you guys, is it?
  내 이야기가 당신들을 따분하게 하고 있는 것은 아니지, 그치?

② bore + a hole / through
주요 의미 구멍을 파고 들어가다, 뚫다

- I was assigned to bore a hole in the firewall.
  나는 그 방화벽에 구멍을 내는 임무를 맡았다.

③ bore (명사)
주요 의미 지루한 사람, 지루한 상황, 총의 구경, 구멍

- He prefers to use a 38-bore magnum.
  그는 38구경 매그넘을 선호한다.

- It maybe a bore to you taking charge of the reception desk.
  안내데스크 책임을 지는 것은 당신에게 따분한 일일 수도 있다.

B 069 bounce [baʊns] [바운-ㅆ]

① bounce + 명사
주요 의미 반사시키다, 반동시키다

- The noise coming from her bouncing the golf ball against the floor made me boil.
  그가 골프공을 바닥에 대고 튀기는 소리가 나를 화나게 만들었다.

- The check was bounced back.
  수표가 부도 처리되었다.

- The message to her was bounced.
  그녀에게 가는 메시지가 돌아왔다.

② bounce A off B
주요 의미 A를 B에다가 부딪혀보다, 실험해보다

- I tried to bounce my new idea off my co-workers.
  나는 나의 새로운 생각을 동료들에게 말해 보았다.

③ bounce (자동사)
주요 의미 튀기다, 튀다

- The ball bounced so unexpectedly that the shortstop failed to catch it.
  그 볼은 너무도 불규칙적으로 튀어서 중견수가 잡을 수 없었다.

- I could not see what was going on because **the light bounced off the ripples**.

  잔물결에 빛이 산란되어 나는 무슨 일이 벌어지는지 볼 수 없었다.

---

④ bounce (명사)

주요 의미 튀어 오름, 반동력, 활기

- The sofa was lacking in bounce, making me feel like being buried.

  그 소파는 반동력이 없어서 나는 늘 파묻히는 기분이 든다.

B 070 bow [baʊ] [바우, 보우]

① bow + head

주요 의미 고개를 숙이다

- The remaining soldiers bowed their heads in the shame of loosing the war.

  그 남은 병사들은 전쟁에 진 수치심으로 고개를 떨구었다.

② bow (자동사)

주요 의미 절하다, 굽어져서 휘다

- We usually do not bow in the meaning of say hello.

  우리는 인사의 의미로 절을 하지는 않는다.

- The CEO finally bowed to pressure from the shareholders.

  그 대표이사는 주주들로부터의 압력에 마침내 굴복했다.

③ bow (명사)

주요 의미 절, 활, 뱃머리, bowtie에서 나비매듭

- The front part of a ship is called the bow.

  배의 앞부분은 선수 (bow) 라고 부른다.

- He looks so cute with a bowtie.

  그는 나비매듭 타이를 하니 귀엽다.

B 071 bowl [boʊl] [보울]

① bowl along + 도로, 길, 강, 지형

주요 의미 차량으로 -를 끼고 달리다, 공을 굴리다, 던지다

- As soon as we came out of the tunnel, we came to **bowl along a river**.

  우리가 터널에서 나오자마자 우리는 강을 끼고 달리게 되었다.

② bowl(명사)

주요 의미 푹 파인 그릇이나 통, 미식축구의 마지막 결승전, 나무로 만든 볼링용 공

- I need a bigger **salad bowl** and the bowl of my spoon is too flat.

  나는 좀 더 큰 샐러드용 사발이 필요하고 숟가락의 오목한 부분은 너무 납작합니다.

- He threw up all he had had into **the bowl of a toilet**.

  그는 먹었었던 것을 모두 변기통에 토해냈다.

- Do not miss the **Super Bowl** this year.

  올해는 수퍼보울을 놓치지 마세요.

B 072 box [bɑːks] [바악-쓰]

① box + 사람
주요 의미 귀싸대기를 때리다

- He **boxed me hard on the ear**, which has caused my eardrum to rupture.

  그가 나의 귀싸대기를 매우 거세게 때렸고 그것이 나의 고막을 파열했다.

② box (with) + 상대방
주요 의미 -와 권투를 하다

- Let me **box with you** to see which is tougher.

  한 번 권투를 해서 누가 더 강한가 보자.

③ box + 대상
주요 의미 상자에 담다

- Will you please **box all the toys** after use?

  사용 후에 그 모든 장난감을 상자에 담아주세요.

④ box(명사)
주요 의미 상자, 함, 특별좌석, 움막, 네모형의 도형, 경기장의 금으로 표시한 구역

- There is something in your **message box**.

  메시지 함에 무엇인가가 있습니다.

- You will need to sit on the jury box.
  배심원 석에 앉으셔야 할 것 같습니다.

- Check all the boxes on the front page if you are alien.
  외국인이시면 앞면의 모든 네모 칸에 표시를 하세요.

- He fouled me in the penalty box but referee ignored it.
  그는 페널티 박스에서 나에게 반칙을 범했지만 심판이 무시했다.

B 073 brace [breɪs] [브레이-ㅆ]

① brace + A for B
주요 의미 A를 B에 대비시키다

- I need to brace myself for more violence and genophobia.
  나는 더 많은 폭력과 인종혐오에 대비해야 한다.

② brace + A against B
주요 의미 A를 B에 대항하여 버티다, 보강하다

- They tried to brace the fence against the wind.
  그들은 그 울타리를 바람에 버티려 애썼다.

③ brace + 신체의 일부
주요 의미 힘을 주어 신체의 일부를 긴장시키다

- He braced his legs against the rockbottom as it tried to push him over.
  그는 바위가 그를 굴러 넘어가려고 할 때 다리에 힘을 주어 버텼다.

④ brace(명사)

주요 의미 버팀쇠, 치아교정기, 멜빵, 괄호, 동물의 한 쌍

- He boarded each brace of the animals onto his arch.
  그는 방주에 그 동물들의 각각 한 쌍을 승선시켰다.

- Before they could possibly move the patient, they needed to give him a leg brace.
  그들이 그 환자를 옮기기 전에 그에게 다리부목을 댈 필요가 있었다.

- These days, they have used semi- transparent tooth braces.
  요즘 그들은 반투명 치아교정기를 사용하고 있다.

B 074 breathe [briːð] [브뤼이thㄷ]

① breathe + 명사

주요 의미 호흡을 통해 -냄새를 내뿜다, 속삭이며 말하다, 호흡하다

- While he was driving, he definitely breathed alcohol fumes.
  운전하는 동안 그는 확실히 알콜냄새를 풍겼다.

- He breathed that he was over there.
  그는 자신이 거기에 있다고 속삭였다.

- I do not want to breathe polluted air in Peking.
  나는 북경에서 오염된 공기를 호흡하고 싶지 않다.

② breathe + in / out

주요 의미 호흡으로 들이마시다, 내뿜다

- I breathe in oxygen and breathe out carbon dioxide gas in this mechanism.
  우리는 이런 방식으로 산소를 들이마시고 이산화탄소를 내뿜는 것이다.

③ breathe one's last

주요 의미 숨을 거두다

- With many regrets, he breathed his last in my arms.
  많은 회한과 함께 그는 내 품에서 숨을 거두었다.

④ **breathe**(자동사)

주요 의미 호흡하다, 숨을 쉬다(살아 있다), 휴식하다, (바람이) 불다

- Wearing this shirt would allow your skin to breathe.
  이 셔츠를 입으면 당신의 피부는 숨을 쉴 것입니다.

⑤ **breathe easy**

주요 의미 안심하다

- You can breathe easy as long as he watches your back.
  그가 당신의 뒤를 보아주는 한 안심할 수 있습니다.

B 075 breed [briːd] [브리이-드]

① breed + 명사

주요 의미 사육하다, 재배하다, 양육하다, 가르치다, 개량하다

- One of my old friend used to breed that kind of rabbit for their glossy coats.
  내 오랜 친구 중 하나는 윤기 나는 가죽 털 때문에 그 토끼 종을 사육했었다.

- What is bred in the bone will not go out of the flesh.
  타고난 성품은 어찌할 수 없다.

② 원인 + breed + 결과

주요 의미 -을 가져오다, 불러 오다

- Her jealousy bred the bloody retaliation.
  그녀의 질투는 피비린내 나는 보복을 가져왔다.

- Her frequent outings bred doubt about her faithfulness.
  그녀의 잦은 외출은 그녀의 정절에 대한 의심을 불러일으켰다.

③ breed(자동사)

주요 의미 새끼를 낳다

- The cross breed of horse breed only during winter seasons.
  그 잡종 말은 오로지 겨울에만 새끼를 낳는다.

④ breed + 명사 + 명사(보어)

주요 의미 -를 -로 키워내다

- He was bred a lawyer, which he himself couldn't finally be.

  그는 법률가로 키워졌지만 궁극적으로 그렇게 될 수는 없었다.

⑤ breed + 명사 + to VR

주요 의미 -를 -하도록 교육시키다

- Japan still breeds men to fight for their own country, no matter what it is pursuing.

  일본은 자신이 무엇을 추구하던 국민들이 조국을 위해 싸우도록 가르친다.

⑥ breed(명사)

주요 의미 품종, 유형

- I like large breeds of dog.

  나는 큰 품종의 개가 좋다

- Goal keepers with as big hands as his are a rare breed.

  그의 것만큼 큰 손을 가진 고울 키퍼는 드물다.

B 076 brew [bru:] [브루우]

① brew + 맥주
주요 의미 양조하다
- I have been brewing this brand all my life.
  나는 평생 이 맥주를 양조해왔다.

② brew + coffee / tea
주요 의미 커피나 차를 끓이다
- It is time to brew a nice kettle of coffee.
  맛있는 커피를 한 주전자 끓일 시간이다.

③ brew + 장난, 음모
주요 의미 꾸미다, 계획하다
- Somebody seems to be brewing mischief at me.
  누군가가 나에 대해 장난을 꾸미고 있는 것처럼 보인다.

④ brew (명사)
주요 의미 양조맥주, 차 주전자, 혼합물
- We play a nice brew of jazz and blues.
  우리는 재즈와 블루스의 혼합을 연주합니다.

- At around 4, we used to have a brew of black tea.

  4시경에 우리는 홍차 한 주전자를 만들곤 했다.

- When I tried the local brew, I understood why they say Czech beer has a style.

  내가 그 지역에서 만든 양조맥주를 맛보았을 때 나는 왜 체코맥주가 매력이 있다고 하는지 이해하게 되었다.

B 077 bridle ['braɪdl] [브라이-들]

① bridle + 말(horse)
주요 의미 굴레를 씌우다

- All these horses are to be bridled early at their age.
  이 모든 말들은 어린 나이에 재갈이 물리게 된다.

② bridle + 감정
주요 의미 억제하다

- You need to learn how to bridle your hot temper.
  당신은 욱하는 성질을 억제하는 법을 배워야 한다.

③ bridle at + 모욕적 언사
주요 의미 기분 나쁜 듯이 고개를 들다, 새침해 하다, 무시하다

- She bridled at the insulting manner by which she was treated.
  그녀는 자기에게 행해진 그 모욕적 방식에 새침해 했다.

④ bridle(명사)
주요 의미 재갈, 고삐, 굴레, 속박

- I was on a horseback and led along the course by the bridle.
  나는 말을 타고 있었고 고삐에 의해 그 경로에 따라 이끌렸다.

B 078 brood [bru:d] [브루웃]

① brood + over + 사건, 생각 / on + 사건, 생각

주요 의미 곰곰이 되씹다, 깊은 생각에 잠기다

- She brooded on what to do if he did not return to her.
  그녀는 그가 돌아오지 않으면 무엇을 할까라는 생각을 곱씹었다.

- I was brooding over the technical problem of the machine.
  나는 그 기계의 기술적 문제에 대해 곰곰이 생각해 보았다.

② 닭, 새 + brood

주요 의미 알을 품다

- When the hen is brooding, it rarely runs away for the danger.
  암탉이 알을 품고 있을 때 위험 때문에 도망치는 일은 드물다.

③ brood(명사)

주요 의미 한 배에서 나온 병아리, 자식들

- Mother seems to get busy bringing food for the hungry brood of fledglings.
  어미는 배고픈 새끼들을 위해 음식을 가져오느라고 바빠지는 것으로 보인다.

B 079 browse [brauz] [브라우-ㅈ]

① browse + 나무, 풀
주요의미 새싹을 먹다

- Your herd of goats browse the leaves of my favorite trees.
  당신네 염소 떼가 내가 좋아하는 나뭇잎을 뜯어 먹습니다.

② browse + 서적, 신문, 상품
주요의미 대충 읽다, 훑어보다, 정보를 찾아 돌아다니다

- Feel free to come in and browse any albums.
  들어오셔서 마음껏 앨범들을 들어보세요.

- He likes to spend afternoon hours browsing a number of books.
  그는 여러 권의 책을 읽으며 오후시간을 보내고 싶어 한다.

- At first, I browse headlines for some news which can attract me.
  우선 나는 흥미가 있는 뉴스를 찾기 위해 제목만 대충 읽는다.

③ browse(자동사) + **upon / through** + 명사

주요 의미 풀을 뜯어 먹다, 손에 잡히는 대로 대강 읽다

- I can find the information you need by browsing through the index.

  나는 색인을 훑어봄으로써 당신이 필요로 하는 정보를 찾을 수 있다.

- Those long-necked animal can browse on high leaves.

  그 목이 긴 동물은 높은 곳의 잎사귀도 먹을 수 있다.

B 080 bruise [bruːz] [브루이-ㅈ]

① bruise + 과일, 새 물건, 목재, 금속, 신체의 부위
주요 의미 상처, 흠, 멍 등이 들게 하다

- I always bruise my shins and elbows knocking against furniture.
  나는 가구에 부딪혀서 항상 정강이나 팔꿈치에 멍이 든다.

② bruise + 자존심, 명예, 마음
주요 의미 상처를 입히다

- His ego was so badly bruised by the remark.
  그의 자존심이 그 말에 의해 심하게 멍들었다.

③ 과일, 금속, 목재, 가구 등 주어 + bruise(자동사)
주요 의미 멍이 들다

- Peaches and strawberries bruise the most easily of all the fruits and berries.
  모든 과일, 열매 중에서 복숭아와 딸기가 가장 쉽게 물러진다.

④ bruise(명사)
주요 의미 타박상, 멍, 상처

- This is a minor bruise on your thigh.
  당신 허벅지에 난 것은 가벼운 멍입니다.

B 081 brush [brʌʃ] [브러쉬]

① brush + 명사
주요 의미 붓질, 솔질, 비질, 칫솔질하다, 털다

- You need to brush your shoes and hat.
  신발과 모자를 솔질해야 한다.

- He brushed the oil over his canvas.
  그는 자신의 캔버스에 기름을 발랐다.

- Please brush the dirt off my jacket.
  나의 상의에서 흙을 좀 털어주세요.

② brush + 명사 + 형용사 보어
주요 의미 솔질해서 어떤 상태로 만들다

- It is my job brushing floor clean.
  바닥을 비질해서 깨끗이 하는 것이 내 일이다.

③ brush up on something
주요 의미 복습 등으로 되살리다

- You had better brush up on your Korean before you go to Korea.
  한국에 가기 전에 한국어를 다시 살려놓는 편이 좋을 것입니다.

④ brush + past / against / with
주요 의미 -와 스치듯 닿다

- Her hair brushed against my cheek.
  그녀의 머리칼이 나의 뺨과 스치듯 닿았다.

⑤ brush(명사)
주요 의미 붓, 솔, 솔질, 붓질, 가벼운 접촉

- You can find beauty in the brush strokes.
  그 붓질한 획들에서 아름다움을 발견할 수 있다.

- You need to give your teeth a better brush.
  이빨을 좀 더 잘 닦을 필요가 있다.

- It was such a close brush with death.
  그것은 거의 죽을 뻔한 일이었다.

B 082 buck [bʌk] [버억]

① buck + 기운, 제도, 세력
주요 의미 -에 맞서다

- Can the CEO try and buck the severe force of recession?
  그 대표이사가 거센 경기후퇴의 힘에 맞설 수 있을까?

② buck (자동사)
주요 의미 날뛰다, 걷잡을 수 없이 흔들리다

- The mare was tamed not to buck with a rider on her back.
  그 암말은 기수가 탔을 때 날뛰지 않도록 길들여졌다.

③ buck (명사)
주요 의미 미국, 호주, 뉴질랜드 등의 화폐, 수사슴, 사슴, 수토끼, 총각, 책임을 지정하는 물건

- They said it was my buck, which I wanted to pass to my boss.
  그들은 그것이

  나의 책임이라고 말했는데 나는 그것을 상사에게 돌리고 싶었다.

- Give me 20 bucks for the damage.
  그 손상에 대해 20 달러를 주세요.

B 083 bug [bʌg] [버어-ㄱ]

① bug + 시설, 전화, 사람
주요 의미 도청하다, 괴롭히다

- Be careful not to **be bugged**. They bug every room and every telephone conversation, which **has been bugging** almost every politician.

  도청당하지 않도록 조심하라. 그들은 모든 방과 모든 전화대화를 도청하는데 그것이 거의 모든 정치인들을 괴롭히고 있다.

② bug (명사)
주요 의미 작은 곤충과의 벌레, 유행성 질병, 열광적 취미, 도청장치, 컴퓨터의 오류

- I guess I **picked up the bug** while I was helping them in South Africa.

  남아공에서 그들을 돕던 동안 그 질병이 걸렸다고 생각한다.

- Once you are bitten by **the bug of jogging**, you will keep yourself fit and healthy.

  조깅이라는 취미에 한 번 맛 들리면 건강하고 몸매 좋게 유지할 수 있다.

B 084 build [bɪld] [비얼-드]

① build + 건물, 물건
주요 의미 짓다, 건축하다, 창조하다

- First you will have to check if you can build anything on the terrain.
  우선 그 지형에다 무엇인가를 지을 수 있는지를 점검해 보아야 할 것이다.

- The witness can help us build a description of the suspect.
  목격자가 우리에게 도움을 주어 용의자의 모습을 만들어 낼 것이다.

② build + 명사(간접목적어) + 명사(직접목적어)
주요 의미 -에게 -을 만들어주다

- The landlord promised to build us a shed to stay in.
  집주인이 우리가 머물 수 있는 헛간을 지어주기로 약속했다.

③ build(자동사) + (up)
주요 의미 커지다, 쌓이다

- Her anxiety gradually built up until she got the news of him being shot at the heart.
  그녀의 불안은 점점 커졌고 마침내 그가 심장에 총을 맞았다는 소식을 들었다.

④ build up + 명사
주요 의미 창조해내다, 키우다, 과대포장하다

- He was known to be a tycoon who had built up a wholly new industry.
  그는 완전히 새로운 산업을 일구어 낸 거물로 알려졌다.

⑤ build (명사)
주요 의미 체구

- It was a man of average build that came out of the office.
  사무실에서 나왔던 사람은 보통체구의 남자였다.

B 085 bulge [bʌldʒ] [버얼쥐]

① bulge + 명사
주요 의미 부풀게 하다

- The little girl bulged her cheeks with food.
  그 꼬마소녀는 음식으로 볼을 부풀렸다.

② bulge(자동사)
주요 의미 불룩 튀어나오다

- Grandpa's pockets were bulging with candies and chocolate.
  할아버지의 주머니는 사탕들과 초콜릿으로 불룩했다.

③ bulge(명사)
주요 의미 불룩 튀어나온 것, 급증

- The bulge of his coat pocket suggested that he might have a gun inside.
  코트주머니의 돌출부는 그가 안에 총을 소지했을지도 모른다는 것을 시사했다.

B 086 bully ['bʊli] [부울리]

① bully + 명사

주요 의미 주로 약자를 윽박지르다, 못살게 굴다

- She wanted to go to Paris, but her husband bullied her out of it.

  그녀는 파리를 가고 싶었지만 남편이 윽박질러 포기했다.

- My son must have been bullied at school.

  나의 아들은 학교에서 괴롭힘을 당했었음에 틀림없다.

- I won't be bullied into doing anything.

  나는 협박으로 무엇인가를 하는 일은 없다.

② bully (명사)

주요 의미 깡패, 약자를 괴롭히는 사람

- If you want to play the bully, I'll beat the shit out of you.

  당신이 깡패노릇을 하고 싶다면 내가 죽도록 패주겠다.

B 087 bump [bʌmp] [버엄-ㅍ]

① bump + 명사

주요 의미 신체의 부위를 부딪히다, 찧다

- I always **bump my head on the beam** when I step out of this closet.
  내가 이 벽장에서 나갈 때 늘 대들보에 머리를 찧는다.

② bump + against / into

주요 의미 에 부딪히다, 우연히 만나다

- It was so dark and I **bumped into something** and knocked it down.
  너무 어두웠고 나는 무엇인가에 부딪혀서 그것을 쓰러뜨렸다.

- I **bumped into an acquaintance** in an unexpected place.
  나는 뜻밖의 곳에서 지인과 조우했다.

③ bump + 명사

주요 의미 다른 데로 이동시키다, 쫓아내다

- Have I **been bumped into** other lower team?
  내가 다른 하위팀으로 쫓겨난 것인가요?

- If you are bumped off an airplane because of overbooking, you are entitled to compensation of a seat on higher class.

  과도한 예약으로 비행기를 못타면 보상이나 상위좌석을 받을 수 있다.

---

④ bump(명사)

주요 의미 둔탁하게 부딪히는 소리, 멍, 타박상, 도로의 요철

- How did you get that bump on your forehead.

  이마의 혹은 어쩌다 생긴 것입니까?

- There are so many bumps on the road.

  도로에 많은 요철이 있습니다.

- Something fell to the floor with a bump.

  무엇인가 둔탁한 소리를 내며 바닥에 떨어졌다.

B 088 bundle [ˈbʌndl] [번들]

① bundle + 명사 + (up)
주요 의미 다발로 싸다, 둘둘 말다

- He bundled up everything into the plastic box.
  그는 모든 것을 둘둘 말아서 그 플라스틱 상자에 넣었다.

② bundle + 명사 + off
주요 의미 마구 싸서 보내다

- After my father died, I was bundled off to boarding school by a step-mom.
  아버지가 돌아가신 후 나는 계모에 의해 기숙학교로 서둘러 보내졌다.

③ bundle A with B
주요 의미 A를 B에 함께 딸려 보내다

- Very useful applications are bundled with the main system.
  매우 유용한 응용프로그램들이 추가로 제공됩니다.

④ bundle(자동사) out

주요 의미 무리지어 나가다

- We bundled out into the street after out mid-term exam was over.

  중간고사가 끝나고 우리는 무리지어서 거리로 나갔다.

⑤ bundle(명사)

주요 의미 꾸러미, 묶음, 거액의 돈

- A bundle must have been afforded to him under table.

  거액이 그에게 뇌물로 제공되었음에 틀림없다.

- A bundle of firewood can be purchased at the shop.

  그 점포에서 땔감 한 단을 살 수 있을 것이다.

B 089 burn [bɜːrn] [버-ㄹ언]

① burn + 명사

주요 의미 태우다, 태워 없애다, 사람을 화나게 하다, 굽다

- The way he treats customers really burns me up.
  그가 손님들을 대하는 태도가 나를 화나게 한다.

- I will burn this city to build a new one.
  나는 이 도시를 불태워 새 도시를 만들겠다.

- Can I burn more calories faster using this pill?
  내가 이 알약을 먹으면 칼로리 소모가 빨라집니까?

- We still sometimes burn candles at dinner.
  우리는 만찬 때 지금도 때로는 양초를 태웁니다.

- I burned my hand on the hot stove.
  나는 뜨거운 난로에 손을 데었다.

- This kind of clay is very good for burning bricks.
  이 진흙은 벽돌을 굽는데 매우 좋습니다.

② burn + 명사 + 형용사 보어
주요 의미 태워서 어떤 상태로 만들다, 어떤 상태인 채로 태우다

- The grass on the field has been burnt brown in so short a time.

  매우 빨리 들판의 풀이 타서 갈색이 되고 말았다.

- Joan Of Arc was burnt alive at the stake.

  쟌다르크는 산채로 말뚝에서 화형 당했다.

③ burn + 명사 + out
주요 의미 소진시키다, 다 태우다

- He just burnt himself out, multitasking.

  그는 많은 일을 하면서 에너지를 고갈시켰다.

④ burn(자동사)
주요 의미 타다, 불타다, 화상을 입다, 화끈거리다

- Candles were burning among the mourners.

  조문객들 가운데서 초가 타고 있었다.

- The car was burning and we had to take a quick action.

  자동차가 불에 타고 있어서 우리는 빠른 조치를 취해야 했다.

- His skin rarely burns.

  그의 피부는 좀처럼 안탄다.

⑤ burn(자동사) out
주요 의미 다 타서 없어지다

- The bulb has burnt out and I need a new one made with LED technology.
  전구가 다 타버렸고 나는 LED 기술로 만든 새것이 필요하다.

⑥ burn(명사)
주요 의미 화상, 화끈거리는 느낌

- Please use an ashtray. We don't want cigarette burns on our furniture.
  재떨이를 이용해 주세요. 가구에 담뱃불자국이 생기면 곤란합니다.

- The saved child had a third degree burn over his left arm.
  구출된 아이는 왼 팔에 3도 화상을 입었다.

B 090 burst [bɜ:rst] [버얼스-트]

① burst + 명사
주요 의미 터뜨리다

- I like **bursting balloons** especially when they give big, dry bang.
  나는 크고 쨍쨍한 소리를 내는 풍선들을 터뜨리는 것이 좋다.

- The overflown water may **burst banks** down the river.
  넘쳐흐른 물이 하류에 있는 댐들을 터뜨릴지도 모릅니다.

- You know you just **burst her bubbles**.
  그녀의 희망을 깨버린 것을 아시는지요?

② burst (자동사)
주요 의미 터지다, 파열하다

- If you add more air, **the balloon will burst**.
  조금 더 불면 그 풍선은 터질 것이다.

- I am **bursting for a pee**.
  화장실이 급해서 터질 것 같다.

③ burst + into / through / from
주요 의미 불쑥 들어가다, 갑자기 터뜨리다, 나오다

- When you burst into my place without any previous notice, it is out of manners.
  당신이 사전통보 없이 나의 집으로 불쑥 들어오면 무례한 일입니다.

- The janitor burst into tears and begged for an excuse.
  그 수위는 갑자기 울음을 터뜨리며 용서를 구했다.

- That swearing burst from my mouth in an angry rush.
  화가 나서 욕설이 내 입에서 튀어 나왔다.

④ burst(명사)
주요 의미 갑작스런 활동, 분출, 파열

- The flame gave a sudden burst of energy and burnt out.
  불꽃은 갑자기 확 타올랐다가 꺼졌다.

B 091 button ['bʌtn] [버얼-은]

① button + 명사 + up / down
주요 의미 단추를 잠그다

- He buttons whatever he wears.
  그는 무엇을 입던 꼭 단추를 채운다.

- I like to button down my shirt colors.
  나는 셔츠 목깃을 단추로 눌러 고정 시키는 것을 좋아한다.

- Promise me to button up your lips.
  말하지 않겠다고 약속해 주세요.

② button (자동사)
주요 의미 단추가 잠기다

- This dress buttons at the back.
  이 옷은 뒤에서 단추를 잠그게 된다.

③ button (명사)
주요 의미 옷을 잠그거나 작동시키기 위한 단추

- With the right mouse button, you can activate the printer.
  마우스 오른쪽 버튼으로 인쇄기를 동작시킬 수 있다.

B 092 bustle ['bʌsl] [버쓸]

① bustle + 명사 + out / up / down / in / off
주요 의미 서둘러 움직이게 하다

- The conductor **bustled the passengers off the train**.
  차장은 승객들을 서둘러 기차에서 내리게 했다.

② bustle(자동사) + around / up / about / in and out / aboard
주요 의미 부지런하게 일하다, 열심히 떠들다, 사방으로 돌아다니다, 서둘러 타다

- It is getting darker and darker so that we need to **bustle up to unload the ship**.
  날이 어두워지고 있으니 서둘러 배에서 짐을 내릴 필요가 있다.

③ bustle(명사)
주요 의미 북적댐

- I am getting accustomed to the **hustle and bustle** of city life.
  나는 도시 생활의 북적거림에 익숙해지고 있다.

B 093 buy [baɪ] [바이]

① buy + 명사
주요 의미 사다, 구입하다, 매수하다, 말도 안 되는 이야기를 믿다

- You can't buy everything you want.
  원하는 모든 것을 다 살 수는 없다.

- Just ten bucks can't buy a proper meal here.
  여기서는 10달러로 제대로 된 식사를 살 수 없다.

- Do not ever dream of buying him.
  그를 매수할 생각은 꿈에도 말라.

- You may make a plausible excuse but they wouldn't buy it.
  그럴듯한 변명을 만들어 낼 수도 있겠지만 그들이 믿지 않을 것이다.

② buy + 명사(간접목적) + 명사(직접목적)
주요 의미 -에게 -를 사주다

- Daddy promised to buy me that bicycle for my birthday.
  아빠는 생일선물로 그 자전거를 나에게 사주겠다고 약속했다.

③ buy + 명사 + 보어

주요 의미 어떤 상태로 무엇을 구매하다

- I bought my car second-handed.
  나는 내 차를 중고로 샀다.

- I thought I bought it cheap.
  나는 그것을 싸게 샀다고 생각했다.

④ buy(명사)

주요 의미 매매용 물건, 구입행위

- This ice wine is a popular buy this Christmas.
  이 아이스와인이 이번 크리스마스에 인기 있는 상품이다.

- He always makes a better buy than me.
  그가 항상 나보다 쇼핑을 잘한다.

- Your bag is a really good buy and your shoes are a poor buy.
  너의 가방은 잘 산 물건이지만 너의 신발은 꽝이다.

03

C

094	canvass	154	130 collapse	214	165 control	261
095	cap	156	131 color	215	166 converse	263
096	carve	158	132 commend	217	167 convert	264
097	caution	159	133 commission	218	168 convey	266
098	cave	160	134 commit	220	169 cook	267
099	cease	162	135 commute	222	170 cool	268
100	center	163	136 compel	224	171 correct	270
101	certify	165	137 compensate	225	172 corrupt	271
102	chafe	167	138 complete	226	173 counsel	272
103	challenge	169	139 compliment	228	174 court	273
104	chance	171	140 compound	230	175 cover	275
105	cheer	174	141 compromise	232	176 crack	279
106	cherish	175	142 concede	234	177 cram	282
107	chill	176	143 concur	235	178 cramp	283
108	chime	178	144 condense	236	179 crash	284
109	chip	180	145 condescend	237	180 crawl	286
110	choke	182	146 conduct	238	181 credit	287
111	chop	184	147 conflict	240	182 creep	290
112	clamor	186	148 confound	241	183 crib	291
113	clap	188	confuse	241	184 cripple	293
114	clash	190	149 conjecture	242	185 crop	294
115	clasp	192	150 conjure	243	186 cross	296
116	clench	193	151 connect	244	187 crowd	299
117	click	194	152 consent	245	188 crown	300
118	clinch	196	153 consolidate	247	189 crush	302
119	clip	197	154 constitute	248	190 cry	304
120	clog	199	155 construe	249	191 cuddle	306
121	commence	201	156 consult	250	192 culminate	307
122	cloud	202	157 consume	252	193 cultivate	308
123	club	204	158 consummate	253	194 curb	310
124	clump	205	159 contemplate	254	195 cure	311
125	cluster	206	160 contend	255	196 curl	313
126	clutch	207	161 contract	256	197 curse	315
127	coat	209	162 contrast	258	198 curtail	317
128	coax	210	163 contribute	259	199 cut	318
129	cock	212	164 contrive	260	200 cycle	322

C 094 canvass ['kænvəs] [캔버-쓰]

① canvass + 여론, 의견, 정보를 얻는 소스
주요 의미 상세히 조사하다

- We have been canvassing public opinions on the issue.
  우리는 그 쟁점에 대해 여론을 조사하고 있는 중이다.

- Students are being canvassed for their views on the proposed new dormitory.
  학생들은 새 기숙사건설에 대한 견해를 요구받고 있다.

- You might as well canvass the ad section for a house to lease.
  셋집을 얻기 위해서 광고란을 뒤져보는 것이 더 좋겠다.

② canvass + 제안, 의견, 아이디어
주요 의미 철저하게 논의하다, 검토하다

- His proposal is currently being canvassed by the committee.
  그의 제안은 위원회가 현재 철저히 논의 중이다.

③ canvass for + order / vote / candidate

주요 의미 지지, 주문, 후원, 유세 등을 위해 돌아다니다

- He has been canvassing for local residents.
  그는 지역 유권자들에게 유세를 하고 있다.

④ canvass (명사)

주요 의미 철저한 조사, 권유, 의뢰, 선거운동

- He is bustling, making a canvass of the neighborhood.
  그는 그 동네를 유세하고 다니느라 분주하다.

C 095 cap [kæp] [캐앱]

① cap + 명사
주요 의미 -의 꼭대기를 덮다, 씌우다

- His front teeth have been capped.
  그는 앞 이빨에 치관을 씌웠다.

- The top of the mountain is capped with snow.
  그 산꼭대기는 눈으로 덮여있다.

- A strange looking rock caps the hill.
  이상하게 생긴 바위 하나가 그 언덕의 꼭대기에 있다.

② cap + 사람, 물건
주요 의미 모자를 씌우다, 국가대표나 팀원으로 뽑다, 뚜껑을 달다

- Please cap the tube after use.
  사용 후에 튜브의 뚜껑을 닫아 주세요.

- He was capped to by a total stranger.
  그는 낯선 사람에게서 모자를 벗어하는 인사를 받았다.

- He has been capped more than 4 times for the national team.
  그는 국가대표로 4번 이상 뽑혔다.

- **To cap it all**, he reduced to stealing money.
  결국에 가서는 그는 도둑으로 전락했다.

---

③ cap(명사)

주요 의미 테 없는 모자, 두건, 대학모나 각모, 모자모양의 물건, 뚜껑, 마개

- a school cap, shower cap, cap and bells, lens cap, baseball cap, knee cap
  교모, 샤워용 모자, 방울달린 모자, 렌즈커버, 야구모자, 무릎뼈, 슬개골

C 096 carve [kɑːrv] [카-ㄹ-v]

① carve + 고기, 육류, 성과, 열매
주요 의미 고기를 썰어서 나누어 주다, 분배하다

- Mom is the one who carves the turkey.
  어머니가 칠면조를 썰어서 나누어 주시는 분이다.

② carve + 명사
주요 의미 조각해서 만들어 내다, 글씨 등을 새겨 넣다

- They carved statues out of lime stone, marble, or wood.
  그들은 석회암, 대리석, 혹은 나무로 조각상들을 만들었다.

- Tourists are not allowed to carve their names on the trees.
  관광객들은 자신들의 이름을 나무에 새기지 못합니다.

- With his super rich father, he carved out a career for himself.
  엄청나게 부자인 아버지가 있었지만 그는 자력으로 사회에 진출했다.

C 097 caution ['kɔːn] [커어쉬언]

① caution + 명사 + about / against
주요 의미 -에 대해 경고하다

- The policeman just **cautioned me against** overspeed.
  경찰은 단지 과속에 대해 나에게 경고만 했다.

② caution + 명사 + to VR
주요 의미 -에게 -하라고 경고하다

- I **was cautioned not to** say 'sorry and thank you' too often.
  나는 '미안하다 감사하다' 라는 말을 너무 자주 하지 않도록 경고 받았다.

③ caution(명사)
주요 의미 주의, 신중, 조심, 경고

- Saying "You should drive with caution", the police officer dismissed him with a caution.
  '신중하게 운전하시오.' 라고 말하며 그 경관은 그를 경고조치하고 보내주었다.

C 098 cave [keɪv] [케입-v]

① cave + 명사 + (in)
주요 의미 함몰시키다

- Somebody has caved my hat in.
  누군가가 내 모자를 푹 눌러 들어가게 했다.

② cave(자동사) in
주요 의미 무너지다, 함몰되다

- The ceiling with heavy snow on it suddenly caved in on top of the victims.
  무거운 눈이 쌓여 있던 천장이 희생자들 위로 무너졌다.

- It has been reported that roads cave in here and there.
  도로가 여기저기서 무너지고 있다는 사실이 보도되고 있다.

③ cave in to
주요 의미 -에 굴복하다

- The president is not likely to cave in to the demand for a special inquiry.
  대통령이 특별조사에 대한 요구에 굴복할 가능성은 없다.

④ **cave**(명사)

주요 의미 동굴

- We have found some remains of the cave dwellers.
우리는 그 혈거인들의 유해 일부를 발견했다.

C 099 cease [si:s] [씨이-즈]

① cease + 명사 / to VR / ing

주요 의미 그만두다, 더 이상 하지 않다

- If you cease work, it is time to die.
  일을 그만 두면 그때가 죽을 때다.

- The story ceased to be novel.
  그 이야기는 더 이상 재미가 없어졌다.

- She never ceased regretting her self-centeredness.
  그녀는 자기중심적으로 굴었던 것을 두고두고 후회했다.

② cease(자동사)

주요 의미 멈추다

- The music ceased and they bustled themselves out of the chamber.
  음악은 끝났고 그들은 서둘러 그 방에서 빠져나왔다.

C 100 center [séntər] [센터-ㄹ]

① center + 명사
주요 의미 중심에 두다, 집중시키다

- Our energy must be centered upon this plan for ceasefire.
  우리의 역량은 휴전을 위한 이 계획에 집중되어야 합니다.

- The pendulum is not centered when not in motion.
  그 진자는 움직이지 않을 때 중심에 두어지지 않았다.

② center (자동사)
주요 의미 한 곳에 모이다

- Their reports have centered around a strange flying object.
  그들의 보고는 모두 이상한 비행물체에 관한 것이다.

③ center (명사)
주요 의미 중심, 중앙, 중추, 통합시설

- You can stand this chair on one leg if you well use the center of gravity.
  무게중심을 잘 이용하면 이 의자를 한 발로 서게 할 수 있다.

- People living within 20 kilometers from the seismic center were badly damaged.

  진원지(지진의 중심부)에서 20km 이내에 사는 사람들이 심하게 피해를 입었습니다.

- I don't think I can give you a helping hand and you had better go to a healthcare center of your community.

  내가 도와 줄 수 없을 것 같으니 당신 동네의 건강관리소로 가보는 것이 좋겠다.

C 101 certify ['sɜːrtɪfaɪ] [써터f 파이]

① certify + 명사 / that 절
주요 의미 무엇을 문서 등으로 증명하다

- Do you have anything that certifies your social status?
  당신의 사회적 위치를 입증할 무엇인가가 있습니까?

- I will print a document that certifies you are in good health.
  당신이 건강하다는 사실을 증명할 문서를 출력해 드리겠습니다.

- I hereby certify that this is a true copy.
  이것이 진본임을 증명합니다.

② certify + 명사 + (as) 형용사보어
주요 의미 무엇을 -하다고 인증하다

- The man was certified (as) alive when he arrived at the hospital.
  그 남자는 병원에 도착했을 때 살아있었던 것으로 증명되었다.

③ certify A of B
주요 의미 A에게 B를 보증하다

- That does not certify us of the truth of his statement.
  그것은 그의 진술에 대한 신빙성을 우리에게 보증하지 않는다.

④ **certify to a person's character**

주요 의미 사람됨을 보증하다

- No one has ever **certified to his character**.
 그의 사람됨을 입증해주는 사람은 없었다.

C 102　chafe [tʃeɪf] [췌잎-f]

① chafe + 신체의 부위
주요 의미 비벼서 따듯하게 만들다, 쓸려서 까지게 만들다

- The prisoner chafed his cold hands.
  그 죄수는 그의 차가운 손을 비벼서 따듯하게 만들었다.

- The stiff collars have chafed my neck.
  그 뻣뻣한 목깃이 나의 목을 까지게 만들었다.

② chafe + 사람
주요 의미 무능이나 한계 등이 사람을 짜증나게 하다

- The situation will soon chafe you but you must get it over.
  그 상황은 너를 곧 짜증나게 하겠지만 그것을 이겨내야 한다.

③ chafe(자동사) against
주요 의미 어디에 대고 비비다, 비벼서 벗기다

- The bear is chafing against the bars of his den.
  그 곰은 자기 우리의 쇠창살에 몸을 비벼대고 있다.

④ **chafe + under / at / at a bit to**

주요 의미 -에 짜증내다, 안달하다, 초조해 하다

- She chafed at a bit to his teasing.
  그녀는 그의 약올림에 짜증을 냈다.

⑤ **chafe(명사)**

주요 의미 찰상, 찰과상, 짜증, 안달

- The cedar has a chafe on its trunk, which may be caused by some wild boars.
  그 삼나무는 밑동에 찰과상이 있는데 야생 멧돼지들이 원인일지도 모른다.

- I was in a chafe because my engine didn't start.
  시동이 걸리지 않아 짜증이 났다.

C 103 challenge ['tʃæləndʒ] [췔린취]

① challenge + 명사
주요 의미 적합성 등에 이의를 제기하다

- His statement was challenged in court and proven to be a fiction.
  그의 진술은 법원에서 이의를 제기 당했고 허구임이 드러났다.

- Galileo's findings challenged the traditional beliefs in celestial bodies.
  갈릴레오의 발견은 천체들에 대한 전통적 믿음에 도전하는 것이었다.

② challenge + 경쟁의 상대
주요 의미 도전하다

- No one dare challenge him in the race.
  그 시합에서 그 누구도 감히 그에게 도전하지 못한다.

- Will you challenge me to a game of tennis?
  나에게 테니스 시합을 청하겠는가?

③ challenge + 명사 + to VR
주요 의미 -에게 -할 것을 요구하다

- Citizens were challenging the president to call an election.
  시민들은 대통령에게 선거를 소집하라고 요구하고 있었다.

④ 흥미를 끄는 일 주어 + challenge + 대상
주요 의미 도전 의식을 불러일으키다

- The new job does not really challenge me.
  그 새 일은 나에게 그렇게 흥미롭지 못하다.

⑤ 검문의 주체 주어 + challenge + 검문대상
주요 의미 검문하다

- We will be surely challenged by the safety guards at the border.
  우리는 국경에서 경비들에게 검문당할 것이 확실하다.

⑥ challenge(명사)
주요 의미 도전, 시험대, 의문의 제기

- They interpreted it as a direct challenge to the authority of jurisdiction.
  그들은 그것을 사법부의 권위에 대한 직접적인 도전으로 해석했다.

- Global warming is one of the most serious challenges we face.
  지구온난화는 우리가 직면한 가장 심각한 도전들 중의 하나이다.

C 104 chance [tʃæns] [췌엔-ㅆ]

① chance + it / one's luck / ing
주요 의미 운에 맡기고 한 번 해보다

- Though they all warned me against crossing the border, I chanced it.

  모두가 국경을 건너는 것에 대해 경고했지만 나는 운에 맡기고 갔다.

- I couldn't chance exposing myself to the eyes of the secret police.

  나는 비밀경찰의 눈에 노출되는 모험을 감행할 수는 없었다.

② chance to VR
주요 의미 우연히 –하다

- The pediatrician chanced to travel to the village, where he met the poor boy.

  그 소아과 의사는 우연히 그 마을로 여행가서 그 불쌍한 소년을 만났다.

③ it 주어 + chance + that 절
주요 의미 우연히 만나다

- It chanced that they were on board of the same flight.

  그들이 우연히도 같은 비행기에 탔다.

④ chance on

주요 의미 우연히 만나다

- The archeologist chanced on the ruins of the old kingdom.
  그 고고학자는 우연히도 그 옛날 왕국의 잔해를 발견했다.

⑤ chance(명사)

주요 의미 기회, 승산, 원하는 일이 일어날 가능성, 운, 우연, 위험, 모험

- Chance governs over 70 percent of all.
  운이 모든 것의 70%를 좌우한다.

- If chance will have me king, I would show what the real meaning of governing is.
  내가 만일 왕이 된다면 통치의 진정한 의미가 무엇인지 보여 줄 텐데.

- Grab it. It is the chance of life time.
  꽉 잡아. 이것은 인생에 한 번 뿐인 기회야.

- There is a chance that the patient will recover.
  환자가 회복될 가능성은 있습니다.

- The chances are against it.
  형세는 불리합니다.

- When you swim in the ocean, do not take any chances. Too much faith in your ability could kill.
  바다에서 수영할 때 위험을 무릅쓰지 마세요. 당신의 능력을 과신하면 죽을 수 있습니다.

- **Chances are** that the perpetrator will be apprehended soon.

  아마도 그 범죄자는 곧 체포될 것이다.

- Do you think there is **a slim chance of being struck by lightning** while playing golf?

  골프 치다가 벼락 맞을 확률이 낮다고 생각합니까?

- We **took a chance** on winning and fought the strong enemy.

  우리는 승패는 운에 맡기고 그 강력한 적에 맞서 싸웠다.

- Have you caved in to his charm **by any chance**?

  혹시라도 그의 매력에 굴복한 것이니?

---

⑥ chance (명사 수식 형용사)

주요 의미 명사 앞에서 '우연한'

- It was **a chance meeting**.

  그것은 우연한 만남이었다.

C 105 cheer [tʃɪr] [취어-ㄹ]

① cheer + 명사
주요 의미 -의 기운을 북돋다, 응원하다, -에 기뻐하다

- It cheered my parents to have me visit him more often.
  내가 자주 찾아가자 부모님이 기운이 나셨다.

- We cheered the news that he returned safe and sound.
  그가 무사히 돌아왔다는 소식에 우리는 기뻤다.

② cheer(자동사) +(up)
주요 의미 환성을 지르며 기뻐하다

- We all cheered when our team won the Super Bowl.
  우리 팀이 수퍼보울에서 우승했을 때 우리 모두는 환호했다.

③ cheer(명사)
주요 의미 갈채, 환호, 성원, 좋은 기분, 원기, 맛있는 음식

- We were busy making Christmas cheer for them to enjoy.
  우리는 그들이 먹을 성탄절 정찬을 준비하느라 바빴다.

- Let's give three cheers for the eternal prosperity.
  영원한 번영을 위해 만세 삼창을 합시다.

- Be of good cheer. You can do it.
  힘내세요. 할 수 있습니다.

C 106 cherish ['tʃerɪʃ] [췌뤼쉬]

① cherish + 명사
주요 의미 소중히 여기다

- Mothers in the world cherish their children.
  어머니란 자녀를 소중히 여기는 법이다.

② cherish + 명사
주요 의미 마음에 품다, 버리지 않고 간직하다

- She just lived alone, cherishing the memory of her bright days.
  그녀는 좋았던 시절에 대한 기억을 간직하면서 홀로 살았다.

- The tribe wanted to cherish the old custom.
  그 종족은 오래된 풍습을 간직하길 원했다.

- A ghost which cherishes a grudge against this place comes out every night.
  이 장소에 원한을 품은 유령이 매일 밤 나온다.

- Do not ever cherish a delusion that I could be your mate.
  네가 너와 짝이 될 수 있을 것이라는 망상을 품지 마라.

C 107 chill [tʃɪl] [취어-ㄹ]

① chill + 명사
주요 의미 식히다, 냉장하다, 열의를 꺾다, 식혀서 굳히다, 오싹하게 만들다

- I was chilled to the bone.
  나는 뼛속까지 오싹했다.

- The news of the defeat at the sea chilled the morale of the Japanese.
  해전의 패배소식이 일본인들의 사기를 꺾어 놓았다.

② chill (자동사)
주요 의미 식다, 싸늘해지다

- Her passion for painting suddenly chilled.
  그림에 대한 그녀의 열정이 갑자기 식었다.

③ chill (명사)
주요 의미 냉기, 한기, 오싹한 느낌, 실의

- The chill of early dawn smeared through the wall.
  새벽의 한기가 벽을 타고 퍼졌다.

- His decision not to participate cast a chill over the plan.
  참여하지 않기로 한 그의 결정이 그 계획에 찬물을 끼얹었다.

- I would rather you would take the chill off.
  차라리 살짝 데워주시면 좋겠어요.

C 108 chime [tʃaɪm] [촤임]

① chime + 명사
주요 의미 시간을 종소리로 알리다

- The bell chimed noon.
  종이 정오를 알렸다.

- They chimed the workers to rest.
  그들은 종을 울려 근로자들을 쉬게 했다.

② chime (자동사)
주요 의미 울리다

- The bells chime at midnight.
  그 종은 자정에 울린다.

③ chime in with + 명사
주요 의미 맞장구치다, 대화에 끼어들다, 조화되다, 일치하다

- This flow of sentiment chimed in with the moods of other surrounding nations.
  이런 정서의 흐름은 주변국의 느낌과 비슷했다.

④ chime(명사)

주요 의미 종소리, 울리는 소리

- The philosophy of the book was in chime with the old principle of education.
  그 책의 철학은 교육의 오랜 원리에 일치했다.

- I heard a chime of morning bell outside my window.
  나는 창문 밖에서 아침을 알리는 종소리를 들었다.

C 109 chip [tʃɪp] [칩]

① chip + 명사

주요 의미 도끼나 끌로 쪼아내다, 얇게 썰어내다, 이가 빠지게 하다

- I still use a **badly chipped saucer**, which mom gave to me.

  나는 아직도 이가 많이 빠진 접시를 쓰고 있는데 어머니가 주신 것이다.

② chip + off / away

주요 의미 조각이 떨어져 나가게 하다

- He **chipped off a piece** of his front tooth when biting a little shellfish.

  그는 조개를 씹었을 때 앞니 한 조각이 떨어져 나가게 했다.

- They **chipped away** the damaged part.

  그들은 손상된 부분을 조금씩 깎아냈다.

③ chip in

주요 의미 대화에 끼어들다, 나서다, 조금 나누어주다

- Adam and Jennifer **chipped in** with a new suggestion.

  아담과 제니퍼가 새로운 제안을 가지고 대화에 끼어들었다.

- Let's **chip some money in** for snack.

  주전부리를 사게 돈 조금씩 내자.

④ chip away at

주요 의미 -에서 조금씩 깎아내다

- The sculptor is chipping away at the marble..

  그 조각가는 대리석을 조금씩 깎아내는 중이다.

⑤ chip(명사)

주요 의미 얇게 벗겨낸 조각, 대팻밥, 이 빠진 자국, 집적회로를 붙인 반도체 조각, 보잘것없는 것, 도박판의 화폐대용물건, 감자조각튀김, 높은 탄도로 공을 침

- He is poor at chip shot and that's why he doesn't make a near approach.

  그는 칩샷이 약해서 가까운 붙임을 하지 못한다.

- He is just a chip off the old block.

  그는 자기 아버지를 꼭 닮은 아들이다.

- The steak is served with chips or baked sweet potato.

  그 스테이크는 감자칩이나 구운 고구마가 함께 제공됩니다.

- I don't care a chip for his gifts or flowers.

  나는 그의 선물이나 꽃에는 관심도 없다.

- This mug has a chip in it.

  이 머그잔은 이가 빠진 자국이 있다.

C 110 choke [tʃoʊk] [초욱-ㅋ]

① choke + 명사
주요 의미 목을 조르다, 통로를 막다

- The king must have been choked or poisoned.
  그 왕은 목이 졸렸거나 독살되었음에 틀림없다.

- The ditch was choked with dried leaves.
  그 도랑은 마른 나뭇잎들로 막혀있었다.

- Small toys, swallowed, can choke a little baby.
  작은 장난감은 삼키면 아이들을 질식시킬 수 있다.

- Anger choked her words.
  분노가 그녀의 말을 막았다.

- I tried to choke down my rage against her insult.
  나는 그녀의 모욕에 대한 분노를 꾹 눌러 참았다.

② choke on
주요 의미 -에 걸려 질식하다

- His face looked pale because he was choking on a piece of rice cake.
  그의 얼굴은 창백해 보였다. 왜냐하면 그가 떡 조각이 목에 걸렸기 때문이다.

③ choke(자동사) +(up)

주요 의미 목이 잠기다, 목이 메이다

- He always chokes up when he is reminded of his mother.
  어머니를 상기할 때 그는 늘 목이 멘다.

④ choke(명사)

주요 의미 자동차엔진의 공기 흡입장치, 질식

- Control over a choke in engine is associated with the density of air and gas.
  엔진의 초크통제는 공기와 휘발유의 농도에 관련되어 있다.

C 111 chop [tʃɑːp] [찹]

① chop + 명사 + off / up / down
주요 의미 잘게 썰다, 자르다, 토막 내다

- The cherry trees in the palace were all chopped down for a wrong reason.
  잘못된 이유로 그 궁궐의 벚나무들이 모두 잘려졌다.

- Onions must be chopped up.
  양파는 잘게 썰어야 합니다.

- I want somebody to chop the logs.
  누가 통나무 좀 패 주세요.

- The share value of the company was chopped to half the original price.
  그 회사의 주가가 최초 가격의 절반으로 토막 났다.

② chop(자동사)
주요 의미 방향이 갑자기 바뀌다

- The wind chopped about from north to west.
  바람이 북에서 서로 갑자기 바뀌었다.

- Their assessment on the project chops and changes.
  그 계획에 대한 그들의 평가는 자주 바뀐다.

③ chop(명사)

주요 의미 절단, 잘게 자르기, 뼈가 붙은 동물의 살, 동물의 입가 주변 턱

- The cat licked its chops after it had some canned meat.
  고양이는 통조림 고기를 먹고 나서 입 주변을 핥았다.

- Give the dog a mutton chop and it will be happy.
  그 개에게 양고기 살이 붙은 한 점 뼈다귀를 주면 좋아할 것이다.

- Do not take a chop at the potatoes.
  감자는 잘게 썰지 마세요.

- There are so many chops and changes that we can not move in any direction.
  너무 많은 방침의 변경 때문에 우리는 어느 방향으로도 나갈 수 없다.

C 112　clamor　[klǽmər]
[클래이머-ㄹ]

① clamor + 명사 + down / into / ing
주요 의미 소리쳐서 그만 두게 하다, 소리쳐서 하게 하다

- The audience was so angry at the speaker, who then was clamored down.
  청중은 그 연사에게 몹시 화가 났고 소리쳐서 그는 하단 당했다.

- The man clamored his son into cleaning up the room.
  그 남자는 아들에게 소리쳐서 방을 청소하게 했다.

② clamor that 절
주요 의미 어떤 사실을 크게 떠들다

- They clamored that the governor had taken bribe for so long.
  그들은 그 주지사가 오래 동안 뇌물을 받았다고 떠들어댔다.

③ clamor + against / for
주요 의미 소리쳐서 찬성, 반대하다

- The strikers clamored for more benefits and higher salaries.
  그 파업자들은 더 많은 혜택과 더 높은 급여를 목청껏 요구했다.

④ clamor to VR

주요 의미 할 것을 소리 높여 요구하다

- The victims' families were clamoring to see the chief of the police.

  희생자들의 가족들은 경찰총수를 볼 것을 소리 질러 요구하고 있었다.

⑤ clamor(명사)

주요 의미 소란, 소리 질러 외침

- What is this clamor all about?

  이 소란은 모두 뭔 일이지?

C 113 clap [klæp] [클랩]

① clap + 명사

주요 의미 가볍게 두드리다, 치다, 갑자기 넣다 (into), 놓다, 두다(eyes on)

- They clapped duty on the luxury goods.
  그들은 그 사치품에 갑자기 세금을 부과했다.

- Teacher clapped his hands for silence.
  선생님은 조용히 하라고 손뼉을 쳤다.

- I clapped my friend on the back.
  나는 친구의 등을 탁 쳤다.

- He clapped spurs to his horse.
  그는 말에 급히 박차를 가했다.

- Everybody clapped us when we marched into the city.
  우리가 그 도시로 행진해 왔을 때 모두가 박수로 우리를 맞이했다.

- I haven't clapped eyes on him for the past few days.
  지난 며칠 간 그를 보지 못했다.

- The sheriff clapped the drunkard into the jail for vagrancy.
  보안관은 그 주정뱅이를 부랑죄로 감옥에 쳐 넣었다.

② clap(자동사)

주요 의미 갈채의 박수를 치다

- In the concert hall, every one clapped in time to the music they played.

  연주회장에서 모두가 그들이 연주한 음악에 맞추어 박수를 쳤다.

③ clap(명사)

주요 의미 물체가 부딪혀 나는 소리, 찰싹 때리기

- Everybody give him another clap.

  모두 그에게 다시 한 번 박수 쳐 주세요.

C 114 clash [klæʃ] [클래쉬]

① clash + 명사 + (against)

주요 의미 물체를 어디에 부딪혀서 소리가 나게 하다

- The man clashed his glass against the stone wall after he bottomed it up.
  그 남자는 다 마신 후 그의 잔을 돌 벽에 던져 소리나게 깼다.

② clash(자동사) + on / into / with

주요 의미 서로 부딪혀서 소리가 나다

- My son's political view always clashes with mine.
  내 아들의 정치적 견해는 늘 나의 것과 부딪힌다.

- When they fought, the blades of their swords clashed together.
  그들이 싸웠을 때 칼날이 서로 부딪혀 소리를 냈다.

- I clashed into her when I made a left turn on the hallway.
  복도에서 좌회전할 때 나는 그녀와 부딪혔다.

- Two meetings clashed on Monday. I needed to give some adjustment.
  월요일에 회의가 겹쳤고 나는 조정이 필요했다.

- The car's tires clashes with the its size and shape.
  자동차의 타이어가 차체와 모양에 어울리지 않는다.

③ clash(명사)

주요 의미 충돌, 불일치, 충돌의 소리

- There has been a head-on clash of interests lately in this group.
  이 집단에는 최근에 이해의 정면충돌이 있었다.

115 clasp [klæsp] [클래스p]

① clasp + 명사
주요 의미 걸쇠로 걸어서 고정시키다, 움켜쥐다, 껴안다

- They clasped hands, which turned out to be a mere gesture of reconciliation.
  그들은 굳은 악수를 했지만 화해의 단순한 몸짓으로 판명났다.

- He clasped her into his chest.
  그는 그녀를 가슴가까이 바싹 껴안았다.

- She clasped the necklace around his neck.
  그녀는 그 목걸이를 그의 목에 걸어 잠궜다.

② clasp (명사)
주요 의미 걸쇠, 잠금쇠, 움켜잡기

- The clasp of her handbag has been loosened.
  그녀의 핸드백 걸쇠가 느슨해졌다.

- Would you please fasten the clasp of my necklace?
  제 목걸이의 걸쇠를 좀 조여주세요.

C 116 clench [klentʃ] [클렌취]

① clench + 이빨, 주먹
주요 의미 굳게 다물다, 꽉 쥐다

- She **clenched her teeth** and told him to leave through them.

  그녀는 이를 악물고 그 사이로 그에게 떠나라고 말했다.

② 이빨, 주먹 주어 + clench
주요 의미 악물어지다

- **My fists clenched** in spite of myself until the knuckles became pale.

  나도 모르게 주먹이 쥐어졌고 손마디가 창백해졌다.

③ clench(명사)
주요 의미 이를 갈기, 꽉 쥐기

- She **held the clench of your teeth** until the delivery is over.

  분만이 끝날 때까지 그녀는 이를 계속 물고 있었다.

C 117 click [klɪk] [클릭]

① click + 명사

주요 의미 교차하는 동작으로 찰칵하는 소리를 나게 하다

- Be careful not to click your fingers at the waiter in this restaurant.

  이 식당에서는 웨이터를 부를 때 손가락을 부딪혀서 소리를 내지 않도록 조심하라.

- The policeman clicked his tongue at the drunkard.

  경찰은 그 주정뱅이를 보고 혀를 찼다.

- If you accept the condition, just click the OK button.

  조건을 수용하시면 오케이 단추를 클릭하세요.

② click (자동사)

주요 의미 찰칵하는 소리를 내다, 분명해지다, 손발이 잘 맞다

- Push the part until it clicks into place

  찰칵하는 소리가 나며 제자리에 들어갈 때까지 그 부품을 밀어 넣으세요.

- It clicked that we had been talking about different things so far.

  우리가 그 때까지 서로 다른 것을 이야기하고 있었던 것이 분명해졌다.

- The new soccer team don't seem to have clicked yet.

  그 신생축구팀은 아직 손발이 맞는 것처럼 보이지는 않는다.

- She **well clicks through to the information** she wants.

  그녀는 원하는 정보를 클릭해서 잘 얻는다.

---

③ click (명사)

주요 의미 마우스를 누르는 소리, 딸깍하는 소리

- Something must be wrong. The door **makes no click** when it closes.

  무엇인가 잘못되었음에 틀림없다. 문이 닫힐 때 찰칵소리가 나지 않는다.

- Your paradise is **just a click away**.

  당신의 천국은 마우스를 한 번 누르는 거리에 있습니다.

C 118 clinch [klɪntʃ] [클린치]

① clinch + 명사

주요 의미 성사시키다, 매듭짓다, 결말을 내다, 못의 끝을 구부려 죄어 붙이다

- He clinched each nail.
  그는 모든 못의 끝을 구부려 죄어 붙였다.

- They gathered around the table to clinch the deal.
  그들은 거래를 성사시키기 위해 탁자 주위에 모였다.

- My assent to the proposal clinched the bargain.
  내가 그 제안에 찬성한 것이 거래를 성사시켰다.

② clinch (자동사)

주요 의미 껴안다

- Boxers try to clinch when they are at a loss how to fight back.
  권투선수들은 맞받아치기 어려울 때 끌어안으려 애쓴다.

③ clinch (명사)

주요 의미 꺾어 눕히기, 맞붙들기

- Referees are supposed to break the boxers who are in a clinch with each other.
  심판은 권투선수들이 맞붙들고 있을 때 그들을 떼어 놓아야 한다.

C 119 clip [klɪp] [클립]

① clip + 명사

주요 의미 핀으로 고정하다, 가위로 깎다, 잘라 내다

- The article has **been clipped** out of the newspaper.
  그 기사는 신문에서 오려내어 졌다.

- The swimmer **clipped a few seconds off his previous record**.
  그 수영선수는 이전의 기록에서 수초를 단축시켰다.

- I am so sorry that they **clip the bird's wings** for fear of its flying away.
  새가 날아가는 것을 막으려고 그들이 새의 날개를 잘라내는 것이 너무 유감이다.

- When they pronounce 'something' as 'somethin', they **clip the 'g' sound**.
  그들이 something 을 somethin으로 발음할 때 그들은 g 음가를 탈락시킨다.

- Please **clip this memo to** my file.
  이 메모를 내 파일에 고정시켜주세요.

- Mom expected day to **clip the hedge neat**.
  어머니는 아버지가 그 울타리를 단정하게 깎아주길 기대했다.

② clip(명사)

주요 의미 깎아내기, 빠른 동작, 한 번의 시도, 종이집게, 끼우기용 쇠붙이, 일부영상

- It could be dangerous when your feet are in toe clips too tightly.

  당신의 발이 너무 자전거페달에 끼어 있으면 위험할 수 있다.

- She showed me some clips of the movie.

  그녀는 나에게 그 영화의 일부 영상들을 보여 주었다.

- I knocked him down at one clip.

  나는 그들 단번에 때려눕혔다.

C 120 clog [klɑːg] [클러어-ㄱ]

① clog + 명사
주요 의미 틀어막다, 방해하다, 무겁게 하다

- The greese on the part has clogged the pipe.
  그 부품의 윤활유가 관을 막아버렸다.

- Do not clog your mind with too much care.
  너무 많은 걱정으로 마음을 무겁게 하지 마라.

- Each lane has been clogged, which doesn't seem to go easy.
  각 차선이 모두 막혔는데 뚫릴 것 같지 않다.

- Too much hair clogs the drain, so clean it up every now and then.
  머리칼이 너무 많으면 하수구가 막히므로 때때로 청소해 주세요.

- The frequent strikes will clog the wheels of efficiency.
  너무 잦은 파업이 능률향상을 막을 것입니다.

② clog (자동사)
주요 의미 움직임이 둔해지다, 막히다

- This kind of pipe easily clogs.
  이런 종류의 관은 막히기 쉽다.

- The saw clogs soon with damp wood.
  그 톱은 젖은 나무를 켜면 곧 능률이 떨어진다.

- His blood hardly clogs and closes a cut.
  그의 피는 응고가 잘 안 되어 상처를 막지 못한다.

---

③ clog (명사)

주요 의미 나막신, 방해물, 무거운 나무 추, 기계의 고장, 막힘

- He is good at clog dance.
  그는 나막신 춤에 능하다.

- Recession gives a clog on industry and on the investment tendency.
  경기후퇴가 산업과 투자심리를 막는다.

C 121 commence [kə'mens] [커멘-쓰]

① commence + clench(명사) / to VR / ing
주요 의미 시작하다, 개시하다

- At the age of 20 he commenced studying art.
  20 세에 그는 미술공부를 시작했다.

② commence(자동사)
주요 의미 시작되다

- The second term commences in October.
  두 번째 학기가 10월에 시작된다.

C 122 cloud [klaʊd] [클라웃-드]

① cloud + 명사
주요 의미 흐리게 하다

- Boiling and cooking could cloud the windows with steam.
  삶거나 요리하는 것은 증기로 창문을 흐리게 할 수 있다.

- Doubts about her faithfulness clouded my reason.
  그녀의 정절에 대한 의구심이 나의 이성을 흐려놓았다.

- They started to cloud the issue at hand by introducing a new policy.
  그들은 새로운 정책을 들고 나와서 당면한 쟁점을 흐려놓기 시작했다.

- The days in Paris were clouded with worries about the future.
  파리에서의 나날들이 미래에 대한 걱정으로 우울해 졌다.

② cloud (자동사)
주요 의미 흐려지다

- The sky is beginning to cloud.
  하늘이 흐려지기 시작한다.

③ cloud(명사)

주요 의미 구름, 먼지 등이 피어오르는 모양, 암운

- Every could has a silver lining.

  모든 구름은 은빛 안감을 가지고 있다. 고통의 이면에는 기쁨의 요소가 있다.

- The notice that I should evacuate the office cast a cloud over my business.

  사무실을 비워야 한다는 통고가 나의 사업에 암운을 드리웠다.

C 123 club [klʌb] [클럽]

① club + 명사
주요 의미 곤봉으로 치다

- The black young man **was clubbed to death** by a white policeman.
  그 흑인청년은 한 백인 경관에 의해 곤봉으로 맞아 죽었다.

② club(자동사) with
주요 의미 돈으로 협력하다

- They decided to **club with the donors** to buy them bare necessities.
  그들은 기증자들과 갹출하여 그들에게 최소생필품을 사 주었다.

③ club(명사)
주요 의미 곤봉, 타구봉, 연회장소로서의 클럽, 동호회, 스포츠구단

- Instead of carrying guns, bobbies in England **use clubs**.
  총을 휴대하는 대신에, 영국경찰들은 곤봉을 이용한다.

- I have tried to enter **a select club**.
  나는 조건이 까다로운 사교단체에 들어가려고 애썼다.

C 124 clump [klʌmp] [클럼-p]

① clump + 명사

주요 의미 모여서 살게 하다

- The harsh weather condition clumps the trees.
  가혹한 기후조건이 그 나무들을 군생시킨다.

② clump(자동사)

주요 의미 군생하다, 무리 짓다, 발을 구르다

- It must be your kids that clump late at night.
  늦은 밤에 발을 구르는 것은 당신의 아이들임에 틀림없다.

- They tend to clump together in threes or fours.
  그들은 삼삼오오 짝을 이루는 경향이 있다.

③ clump(명사)

주요 의미 군생, 쿵쿵대는 소리, 관목 숲, 흙덩어리, 구두창가죽

- If I were a gardener, the last thing I want to see would be a clump of weeds growing in the middle of newly planted lawn.
  만일 내가 정원사라면 새로 심은 잔디가운데 잡초군생이 자라는 것을 가장 보고 싶지 않을 것이다.

- When you plant turfs, you usually plant them with their roots in the clump of earth.
  잔디를 심을 때 보통 뿌리에 흙덩이가 있는 채로 심게 된다.

C 125 cluster ['klʌstə(r)] [클러스터-ㄹ]

① cluster + 명사
주요 의미 모이게 하다

- The fragrance of the flowers clustered many bees around.
  그 꽃들의 향기가 많은 벌들을 모여들게 했다.

② cluster(자동사) + together / around
주요 의미 모이다

- The pedestrians clustered anxiously around the man hit by the bike.
  바이크에 친 남자 주위로 행인들이 걱정스럽게 모였다.

- The children allegedly kidnapped were found clustering together in the cave.
  납치되었다고 주장된 아이들이 동굴 안에서 모인 채 발견되었다.

③ cluster(명사)
주요 의미 무리, 소집단, 송이

- I could see a few clusters of the farm houses along the trail.
  나는 길을 따라 농가들이 무리 지어 있는 것을 몇 번 보았다.

C 126 clutch [klʌtʃ] [클러치]

① clutch + at + 명사
주요 의미 움켜잡다

- A drowning man will clutch at a straw.
  익사하는 사람은 지푸라기 하나라도 움켜쥐려 한다.

- The mother clutched her baby into her breasts.
  어머니는 그녀의 아이를 가슴 쪽으로 움켜 당겼다.

② clutch on to
주요 의미 꼭 붙들다

- While he was standing in the wind, he clutched on to the rail.
  바람 속에서 서있던 동안 그는 난간을 꼭 붙들었다.

③ clutch up (on)
주요 의미 공포심이 있다

- She clutches up on insects and birds.
  그녀는 새나 곤충을 무서워한다.

④ clutch (명사)

주요 의미   무리, 집단, 손아귀, 자동차의 동력전달장치, 움켜쥠, 한 배의 새끼 새들

- Who is going to get the whole clutch of trophies?
  누가 저 한 아름 되는 전리품을 가져갈 것인가?

- The princess clamored that she would surely get away from her step mother's clutch.
  공주는 계모의 손아귀에서 벗어나겠다고 크게 소리 질렀다.

C 127 coat [koʊt] [코웃-ㅌ]

① coat + 명사
주요 의미 외부를 덮다, 다른 층으로 표면을 입히다

- A thin layer of yellow dust **coats everything** in early spring.
  봄에는 황사의 얇은 층이 모든 것을 덮는다.

- The metal **is coated with** antirust plastic.
  그 금속은 녹 방지 플라스틱으로 덧입혀져 있다.

② coat(명사)
주요 의미 겉옷, 동물의 털가죽, 표면처리제

- This label certifies that this is a **genuine leather coat**.
  이 표식은 이 제품이 가죽 진품 코트임을 증명합니다.

- Thanks to **the thick coat**, the polar bears can endure the harsh cold.
  두꺼운 털가죽 덕분에 북극곰들은 극한의 추위를 견딜 수 있다.

- O.K. We have only to **give a finishing coat** on the fence.
  자 이제 울타리에 마무리 칠만 하면 됩니다.

128 coax [koʊks] [코욱-ㅆ]

① coax + 명사
주요 의미 구스르다, 달래다

- She coaxed her dog along the jogging course.
  그녀는 조깅코스를 따라 개를 살살 달래서 갔다.

- She coaxed her child by saying "we are nearly there, we are very close, we are turning around the corner, and now we are entering."
  그녀는 "거의 다 왔다, 매우 가깝다, 모퉁이를 돌고 있다, 들어가는 중이다" 등의 말로 아이를 달랬다.

② coax + 명사 + to VR / into + ing
주요 의미 달래서 하게 하다

- The psychiatrist coaxed the patient into confiding in him.
  그 정신과 의사는 환자를 구슬러서 그에게 털어놓게 했다.

- Boss coaxed them to continue cutting on the expenses wherever possible.
  사장은 그들을 달래서 가능한 모든 곳에서 경비를 줄이는 것을 지속시켰다.

③ coax + 명사 + out of / from
주요 의미 못하게 하다, -로부터 얻어내다

- She was coaxed out of her school to help his father.
  그녀는 아버지를 도우라고 학교를 그만두도록 설득 당했다.

- The director coaxed a brilliant performance out of the cast.
  감독은 배우들로부터 놀라운 연기를 끌어냈다.

- The hooker coaxed more money out of the rich man.
  그 꽃뱀은 그 부자에게서 더 많은 돈을 뽑아냈다.

cock [kɑːk] [커억]

① cock + 계획, 시험
주요 의미 망치다

- He really cocked the test up.
  그는 그 시험을 망쳤다

② cock + an ear / one's nose
주요 의미 쫑긋 세우다, 치켜들다

- The dog cocked up its ears, when a knock came on my door.
  개가 귀를 쫑긋 세웠을 때 내 방문을 누군가가 두드렸다.

- The dog cocked the leg in my garden.
  그 개는 나의 화단에 오줌을 쌌다.

- The princess cocked her nose at the pauper.
  그 공주는 거지에게 코를 들어 경멸을 표했다.

③ cock (자동사)
주요 의미 뻐기며 걷다, 꼿추 서다, 총에서 공이치기를 잡아당기다

- He was cocking through the crowd into the main hall.
  그는 군중 사이를 뻐기며 걸어서 메인 홀로 들어갔다.

④ cock (명사)

주요 의미 새의 수컷, 수탉, 수도꼭지, 호구고객, 실없는 짓, 친구, 남자의 성기, 공이, 우두머리, 독불장군, weather cock

- He tends to go off at half-cock.
  그는 성급하게 구는 경향이 있다.

- Every cock crows on its own dunghill.
  남자가 집안에서만 큰소리친다.

- As the old cock crows, the young cock learns.
  부모가 하는 일을 아이들이 흉내 낸다.

- She lived like a fighting cock after she inherited a big fortune from her husband.
  남편으로부터 한 재산을 유산으로 받은 뒤 그 여자는 호화롭게 살았다.

- Turn the cock and the tap water will come out.
  꼭지를 틀어라 그러면 수돗물이 나올 것이다.

- He liked acting cock of the walk and ordering everybody around.
  그는 두목처럼 굴면서 모두에게 명령하는 것을 좋아했다.

- One of the robbers was cocking a rifle towards the tellers.
  강도들 중 하나가 행원들에게 소총을 겨누고 있었다.

C 130 collapse [kəˈlæps]
[컬랩-ㅅ]

① collapse (자동사)

주요 의미 쓰러지다, 붕괴되다, 주저앉다, 실패하다, 접히다

- The chair collapses for easy storage.
  그 의자는 편한 보관을 위해 접힌다.

- His advocation collapsed and the culprit was sentenced to death.
  그의 변호는 실패했고 범죄자는 사형을 언도 받았다.

- As soon as I got home, I collapsed on the sofa.
  집에 도착하자마자 나는 소파에 털썩 주저앉았다.

- There is a danger of the roof collapsing at any moment.
  지붕이 언제라도 무너질 위험이 있습니다.

② collapse (명사)

주요 의미 붕괴, 실패, 쓰러짐, 폭락

- The collapse of share market had been somewhat predicted.
  주식시장의 붕괴는 어느 정도 예측되었었다.

C 131 color ['kʌlə(r)] [커얼러-ㄹ]

① color + 명사

주요 의미 채색하다, 윤색하다, 특징을 지우다

- Facts should not be colored by any prejudices.
  진실은 그 어떤 편견으로도 채색되어서는 안 된다.

② color + 명사 + 색깔

주요 의미 특정한 색깔로 칠하다

- Classrooms are colored white and green.
  교실은 흰색과 녹색으로 채색되어 있다.

③ color (자동사)

주요 의미 고유한 색깔이 나타나다

- She colored up when she was asked to speak.
  그녀는 연설을 요청받았을 때 얼굴이 붉어졌다.

④ color (명사)

주요 의미 색채, 개성, 특징, (복수의 형태로) 깃발

- This painting is off color.
  이 그림은 색이 바랬다.

- She has a color as a singer.
  그녀는 특징적 가창력이 있다.

- You have no right to see the color of my money.
  당신은 나의 주머니 사정을 알 권리는 없다.

- They sailed under false colors to make a close approach to the coast.
  그들은 해안에 바짝 접근하기 위하여 국적을 감추고 항해했다.

C 132 commend [kəˈmend] [커메엔-ㄷ]

① commend + 명사
주요 의미 공개적으로 칭찬하다

- The critics **commended her works** of art, which had a different color.
  비평가들은 그녀의 작품들을 칭찬했는데 그것들은 색다른 특징이 있었다.

② commend + A to B
주요 의미 A를 B에 위탁하다, 권하다

- Now it is time to **commend my soul to Jesus**, my lord.
  이제 나의 영혼을 주님인 예수에게 맡길 시간이다.

- Is there anybody you can **commend to me** without reserve?
  거침없이 나에게 추천할 사람이 있습니까?

③ commend + oneself + to + 명사
주요 의미 -에게 좋은 인상을 주다

- His frequent failures to show up on time did not **commend themselves to the students**.
  그의 잦은 지각은 학생들에게 좋은 인상을 주지 못했다.

commission
[kəˈmɪʃn]
[컴미쉬언]

① commission + 명사 + to VR
주요 의미 -에게 -을 주문하다, 의뢰하다

- Since that time, he had been commissioned to paint more portraits.
  그 시기 이후 그는 더 많은 초상화의 제작을 의뢰받았다.

② commission + 군인
주요 의미 장교로 임명하다

- He cocked up the physical fitness test which would have commissioned him.
  그는 장교로 임관시켜줄 수 있었던 신체검사를 망쳤다.

③ commission(명사)
주요 의미 위임장, 의뢰, 주문, 명령, 소개, 중개, 수수료, 범행, 위원회

- We will make an appeal to the United Nations Commission on Human Rights.
  우리는 유엔 인권 위원회에게 호소를 할 것이다.

- He was the man who went beyond his commission.
  월권을 한 것은 그 사람이었다.

- I will give you a ten percent commission on each sale made.
  이루어진 매 판매 당 1할의 수수료를 주겠다.

- He has been charged with the commission of rape.
  그는 강간범행 죄로 고소당했다.

- Many commissions followed, which made him so busy.
  많은 의뢰가 뒤를 이었고 그는 그것으로 매우 바빠졌다.

---

④ in / out of + commission
주요 의미 사용 중인, 사용불능의

- After the accident, several suspicious warships were out of commission for further investigation.
  그 사건 이후 여러 대의 의심스러운 함정들이 조사를 위해 퇴역상태였다.

- Very old fighters are still in commission in ROK air forces.
  노후 기종의 전투기들이 아직 한국공군에서 임무중이다.

C 134 commit [kəˈmɪt] [카밋]

① commit + A to B

주요의미 A를 B에 위탁하다, 맡기다

- The patient was committed to the care of the psychiatric hospital.
  그 환자는 정신병원의 보호에 위탁되었다.

- Instead of committing the information to memory, he wrote it down.
  그 정보를 기억에 맡겨두는 대신 그는 그것을 적어두었다.

② commit + 살인, 범죄, 자살, 비행, 범법

주요의미 저지르다, 누를 끼치다

- He was forced to commit suicide, which was against the creeds of his religion.
  그는 자살을 하도록 강요받았는데 그것은 기의 종교원리에 위배되었다.

- Please commit no nuisance.
  용변을 여기서 해결하지 마세요.

③ commit oneself to + 명사, V-ing

주요 의미 공개적으로 의사를 밝히다, 전념하다

- Although they committed themselves to taking care of the bereaved, the little kids were committed to an orphanage.
  그들은 그 유족들을 돌보겠다고 천명했지만 아이들은 고아원에 맡겨졌다.

- The president committed himself to reforming tax policy.
  대통령은 세제를 개혁하겠다고 공약했다.

- He was committed to keeping the peace between the two parties.
  그는 양 당사자 사이에서 평화를 유지하는데 전념했다.

④ commit (자동사)

주요 의미 충실히 전념하다

- They broke up because the man did not commit.
  남자가 충실하지 않아서 그들은 깨졌다.

C 135 commute [kəˈmjuːt] [컴뮤웃-ㅌ]

① commute + 명사
주요 의미 바꾸다

- I would like to commute an annuity into a lump sum on my pension.
  나는 나의 연금을 일시불 취득으로 바꾸고 싶습니다.

② commute + 형벌
주요 의미 감형하다

- They decided to commute a death penalty into life imprisonment.
  그들은 사형을 종신형으로 감형하기로 결정했다.

③ commute(자동사) + from A to B / between A and B
주요 의미 통근하다

- I am not afraid of commuting a long distance as long as I like the job.
  일이 좋다면 나는 장거리 통근이 두렵지 않다.

④ commute(명사)

주요 의미 통근, 통근거리

- An hour and a half for commute into the city center was what bothered me most.

  시내 중심까지 한 시간 반의 통근이 나를 가장 짜증나게 했다.

C 136 compel [kəm'pel] [컴페엘]

① compel + 명사

주요 의미 강요하다, 자아내다

- Lack of money compelled his second job.
  재물부족이 그의 이중 직업을 강요했다.

- Was there something in his speech that could compel the attention of the audience?
  청중의 주목을 이끌어낼 수 있는 무엇인가가 그의 연설에 있었습니까?

② compel + 명사 + to VR

주요 의미 -에게 -할 것을 강요하다

- There are few ways to compel the suspect to confess.
  용의자를 자백하도록 강요할 방법은 거의 없다.

compensate
['kɑːmpenseɪt]
[캄펜세잇-트]

① compensate + 명사

주요 의미 -에게 보상하다

- Can I compensate you in a different way?
  다른 방식으로 당신에게 보상할 수 없을까요?

② compensate A for B

주요 의미 A에게 B에 대하여 보상하다

- The victim could be compensated for the suffering he had been caused.
  그 희생자는 자신에게 가해진 고통에 대해 보상받을 수 있었다.

③ compensate(자동사) + (for A)

주요 의미 다른 것을 대신 하다

- Industry sometimes compensates for lack of knowledge.
  지식의 부족을 근면이 대신할 수도 있다.

- This comfortable seat can compensate for the lag.
  이 편안한 좌석이 시간지체를 보상할 수 있을 것이다.

C 138 complete [kəmˈpliːt] [컴플리잇-ㅌ]

① complete + 명사
주요 의미 마치다, 완성하다

- I think it harder for you to complete the course within a year.
  일 년 내에 당신이 그 과정을 마치는 것은 더 힘들다고 생각한다.

- Please complete all the yes or no questions.
  '예, 아니오' 응답형 질문들은 모두 완성해 주세요.

② complete(수식 형용사)
주요 의미 완전한, 철저한

- I want to have a complete consensus from them.
  나는 그들에게서 완벽한 동의를 얻고 싶다.

- His return was a complete surprise.
  그의 귀환은 전적으로 놀라운 일이었다.

- For each complete working day, you will be paid a hundred bucks.
  하루의 근로일이 끝날 때마다, 당신은 100달러를 받게 됩니다.

③ **complete**(보어 형용사)

주요 의미 포함되어진 상태의, 완료된

- Furniture which **comes complete with** tools and instructions for assembly attracts DIY fans.

  제작도구와 설명서가 포함된 가구가 자발적 제작을 옹호하는 사람들을 매혹시킨다.

- How many days does it take for the project **to be complete**?

  그 사업계획이 끝나려면 며칠이 걸리지요?

compliment
['kɑ:mplɪmənt]
[캄플러멘-트]

① compliment + 명사
주요 의미 찬사를 보내다, 칭찬하다

- The natives started to compliment the foreigner on his excellent accent and intonation.

  원주민들은 모두 그의 뛰어난 억양과 발음에 대해 그 외국인을 칭찬하기 시작했다.

② compliment(명사)
주요 의미 칭찬, 찬사, (복수로) 격식 있는 인사

- I am so honored to be here today and to have such a compliment from you all.

  오늘 이 자리에 선 것과 당신들 모두로부터 그런 찬사를 들은 것은 영광입니다.

- I send this card with compliments of the season.

  계절인사를 담아 이 카드를 보냅니다.

- You can take the wine as the compliments to the royal patron.

  단골 고객에 대한 감사인사로 그 포도주를 받아 주세요.

③ back-handed / left-handed / heart-felt / handsome + compliment

주요 의미 냉소적 칭찬, 상투적 칭찬, 진심의 칭찬, 후한 칭찬

- He took it as a back-handed compliment of his physical appeal.

  그는 그것을 그의 신체적 매력에 대한 비꼬는 칭찬으로 받아들였다.

- Thank you for your left-handed compliment.

  당신의 상투적 칭찬이 가소롭다.

C 140 compound [kámpaund] [컴파운-ㄷ]

① compound + 문제, 상황
주요 의미 악화시키다

- His explanation on the matter compounded the problem.
  그 문제에 대한 그의 변명이 상황을 악화시켰다.

② be compounded + of / with
주요 의미 -로 섞여서 구성되다

- The metal is compounded mostly with copper and zinc.
  그 금속은 주로 구리와 아연으로 구성되어 있다.

- The liquid soap commonly used in household is compounded with disinfectant.
  가정에서 흔히 사용되는 액체비누는 소독제제가 섞여있다.

③ compound (수식 형용사)
주요 의미 합성의

- Many Korean students clutch up on compound adjective such as 'poverty-stricken' or 'weather-worn'.
  많은 한국학생들은 '가난에 찌든' 혹은 '풍상을 겪은' 등의 복합형용사에 움츠러든다.

④ compound (명사)

주요 의미 복합체, 큰 시설의 구내

- A compound of monosodium glutamate and baking soda has been used in the chips and fries.
  MSG와 중탄산나트륨의 복합제가 감자칩과 튀김들에서 이용되고 있다.

- Smoking is not allowed in the police station compound.
  경찰서 구내에서는 금연입니다.

compromise
['kɑ:mprəmaɪz]
[캄프러마이-ㅈ]

① compromise + 명사
주요 의미 타협시키다

- The priest was called upon to compromise both parties.
  그 성직자가 두 당사자들을 타협시키도록 요청받았다.

② compromise + 명사
주요 의미 위태롭게 하다, 더럽히다, 누를 끼치다

- His resignation from the post would compromise the chances of moving to another company.
  그 직책에서 그가 물러난다면 다른 회사로 이직할 가능성이 손상될 것이다.

- Don't you know that you have already compromised yourself by being one of the members of the group?
  그 단체의 일원이 됨으로써 이미 당신 자신을 위태롭게 했다는 사실을 모르는가?

③ compromise(자동사) (+ with A on B)
주요 의미 (B에 대해 A와) 타협하다

- I am not willing to compromise on that kind of matter.
  그와 같은 종류의 문제에 관해 타협할 의사가 없다.

- The fact that they compromised with the communist party for the goal compounded the uncertainty of reunification of the country.

  그 목표를 위해 공산당과 그들이 타협했던 사실이 그 나라의 재통일에 대한 불확실성을 더 복잡하게 만들었다.

---

④ compromise(명사)

주요 의미 타협, 절충, 절충의 결과

- Would you make another compromise between the damaged product and its price?

  손상당한 제품과 가격사이의 또 다른 절충안을 만들어 보세요.

- We cannot reach a compromise on all aspects of life.

  인생살이의 모든 면에서 타협을 이루어낼 수는 없다.

C 142 concede [kənˈsiːd]
[컨씨잇-드]

① concede + 명사 / that 절
주요 의미 인정하다

- He gladly conceded that nothing remained to be desired.
  그는 더 이상 바랄 나위 없다는 것을 기쁘게 인정했다.

- All the sophists were reluctant to concede his logic.
  모든 소피스트들이 그의 논리를 인정하기 싫어했다.

- It must be conceded that different people have different ways of seeing the event.
  사람마다 그 사건을 달리 본다는 사실은 인정되어야 한다.

② concede + A(간접목적어) + B(직접목적어)
주요 의미 A에게 B를 인정하다

- The golfer reluctantly conceded me the unplayed birdie.
  그 골퍼는 나에게 치지 않은 버디를 마지못해 인정했다.

- Women were conceded full voting rights on in the 1950s in America.
  미국에서는 여성들이 1950년이 되어서야 완전한 투표권을 인정받았다.

- Many privileges have been conceded to the diplomats.
  외교관들에게 많은 특권들이 인정되고 있다.

C 143 concur [kənˈkɜː(r)] [컨커어-ㄹ]

① concur with
주요 의미 -와 함께하다, 일치하다, 동의하다

- I concur with him in many respects.
  나는 많은 점에서 그와 동의한다.

② 복수주어 + concur
주요 의미 공동으로 협력하다

- The judges concurred in giving her the first prize.
  그녀에게 일등상을 주는데 있어서 많은 심판들이 동의했다.

- These circumstances concurred to make him what he is today.
  이런 상황들이 공동작용하여 그를 오늘날의 그로 만들었다.

C 144 condense [kənˈdens] [컨덴-ㅅ]

① condense + 명사

주요 의미 -을 농축시키다, 압축하다

- The steam has been condensed into a few drops of alcohol.
  그 증기들이 몇 방울의 알콜로 농축되었다.

- I want you to condense this paragraph into one sentence.
  나는 당신이 이 단락을 한 문장으로 압축하길 바랍니다.

② condense(자동사) (+ into 명사)

주요 의미 농축되다, 압축되다

- The lower cool air takes its part to make the vapor condense into a cloud.
  낮은 층의 찬 공기가 자신의 역할을 하여 그 증기를 구름으로 응결되게 만든다.

condescend

[ˌkɑːndɪˈsend]
[컨디센-드]

① condescend + to VR

주요 의미 몸을 굽혀 친히 - 해 주다, 위신을 깎고 -하다

- The politician **condescended to accept the bribes**.
  그 정치가는 지조를 버리고 뇌물을 받았다.

- The author **condescended to** explain the background of his new novel.
  저자가 친히 자신의 새 소설의 배경을 설명해 주었다.

- The prince **condescended to mingle** with slaves.
  왕자는 위신을 깎고 노예들과 어울렸다.

② condescend to + 명사

주요 의미 생색내다, 거들먹거리다, 체면을 깎고 -하다

- The professor did not **condescend to his assistant** in explaining the principle.
  교수는 그 원리를 설명하는데 있어서 그의 조교에게 거들먹거리지 않았다.

- Be very careful not to **condescend to** the young listeners.
  젊은 청자들에게 거들먹대지 않도록 조심하라.

C 146 conduct [kənˈdʌkt] [컨덕-트]

① conduct + 악단
주요 의미 지휘하다

- He has been chosen to conduct the national symphony orchestra.
  그는 국립교향악단을 지휘하도록 선발되었다.

② conduct + 명사
주요 의미 안내하다, 인도하다

- His secretary conducted me into a small waiting room.
  그의 비서가 나를 조그만 응접실로 안내했다.

③ conduct + 명사
주요 의미 수행하다, 전도하다

- No one is going to conduct the survey, since it seems to take a long time.
  아무도 그 설문조사를 시행하려 하지 않는데 그것이 오랜 시간이 걸리기 때문이다.

- This metal is known for conducting electricity very efficiently.
  이 금속은 전기를 매우 효율적으로 전달하는 것으로 알려져 있다.

④ conduct(명사)

주요 의미 행실, 안내, 지휘, 경영, 관리, 수행

- You should memorize and apply the code of conduct when taken prisoner.

  포로가 되었을 때 행동수칙을 기억하고 적용해야 한다.

- The king's conduct of war was badly criticized, because it might compromise the national finance.

  왕의 전쟁수행은 비판을 받았는데 그것이 국가재정을 위태롭게 할 수도 있었기 때문이었다.

C 147 conflict [ˈkɑːnflɪkt] [컨플릭-ㅌ]

① conflict with + 명사
주요 의미 -와 충돌하다
- There is no point where your interests conflict with mine.
  당신과 나의 이해들이 충돌하는 지점은 없다.

② conflict (명사)
주요 의미 충돌, 알력
- Ethnic conflicts have been reported to occur especially in this region.
  특별히 이 지역에서 인종갈등들이 벌어지는 것으로 보고되어 왔다.

C 148 confound [kənˈfaʊnd] [컨파운-ㄷ]

① confound + 명사
주요 의미 혼동시키다, 당황하게 하다

- The announcement of her resignation confounded them all.
  그녀의 사임발표는 그들 모두를 당황하게 했다.

- He had the ignorance to confound means with ends.
  그는 수단과 목표를 혼동할 정도의 인식부족이 있었다.

② confuse A with (and) B
주요 의미 A와 B를 혼동하다

- Even their mother often confuses her and her twin sister.
  심지어 엄마도 그녀와 그녀의 쌍둥이 자매를 혼동한다.

conjecture
[kənˈdʒektʃə(r)]
[컨ㆍ퓨우-ㅈ]

① conjecture + 명사 / that 절
주요 의미 추측하다

- The commander conjectured that more than 500 of the enemies had been slain.

  그 지휘관은 500명 이상의 적을 베여 죽였다고 추측했다.

- The scientist conjectured the existence of a totally new intelligent species.

  그 과학자는 완전히 새로운 지적 종자의 존재를 추측했다.

② conjecture(명사)
주요 의미 추측

- It is only based on his conjecture and no one of us is sure for the real motive.

  그것은 단지 그의 추측에 근거한 것이며 우리 중 누구도 진정한 동기를 확신할 수 없다.

C 150 conjure [ˈkʌndʒə(r)] [컨줘어-ㄹ]

① conjure + 명사 + up
주요 의미 상기시키다, 불러내다

- That music always **conjures up the sweet memories** of my childhood in Korea.
  그 음악은 한국에서 보낸 나의 유년시절의 달콤한 기억을 상기시킨다.

- A satanic spirit **may be conjured up** through the magic spell.
  그 주문으로 사악한 혼령이 나타날 수 있다.

② conjure + 명사
주요 의미 마술로 만들어 내다, 마술로 쫓아내다

- There is a TV program in which we are required to **conjure a delicious meal out of what is left in the refrigerator**.
  냉장고 안에 남겨진 것으로 맛있는 요리를 만들어내도록 요구받는 tv 프로그램이 있다.

- He is known for **conjuring away** uninvited ghosts.
  그는 초대받지 않은 귀신들을 마법으로 물리친다고 알려져 있다.

C 151 connect [kəˈnekt] [컨넥-트]

① connect A + to / with / and + B
주요 의미 A를 B에 연결하다, 연관 짓다

- The canal was designed to connect the Pacific and the Atlantic Ocean.
  그 운하는 태평양과 대서양을 연결하기 위해 기획되었다.

- The printer is not connected to your computer.
  인쇄기가 당신의 컴퓨터에 연결되지 않았다.

- I would like to pursue a job which is connected with protection of the environment.
  나는 환경보호와 연관된 직업을 갖고 싶다.

② connect (자동사)
주요 의미 가까워지다

- Although they are sharing the room, they don't connect.
  방을 같이 쓰고 있지만 그들은 가깝지 않다.

C 152 consent [kən'sent] [컨센-트]

① consent(자동사) (to + 명사)

주요 의미 동의를 통해 허락하다

- I **didn't consent** when they told me about the plan.
  그들이 나에게 그 계획에 대해 말했을 때 나는 **동의하지 않았다**.

- I will not **consent to my son's marriage** until he has done his study.
  공부를 마칠 때까지 나는 **아들의 결혼에 동의하지** 않을 것이다.

② consent to VR

주요 의미 -하기로 동의하다

- Do you think your dad will **consent to support us** while we are searching for a job?
  우리가 일자리를 찾을 때까지 당신의 아버지가 **우리를 후원하기**로 동의할 것 같은가?

③ consent(명사)

주요 의미 허락을 의미하는 동의, 합의, 인가

- Do I need **a written consent of my parent** in order to get on the plane?
  비행기에 오르기 위해 내가 **부모님의 동의서**가 있어야 합니까?

- They got divorced by mutual consent.
  그들은 상호합의에 의해 이혼했다.

- She smiled her consent at me.
  그녀는 미소로 나에게 승낙했다.

- Did he give you an explicit or tacit consent?
  그가 당신에게 명백히 동의했는가 아니면 묵인했는가?

consolidate
[kənˈsɑːlɪdeɪt]
[컨설러데잇-트]

① consolidate + 명사

주요 의미 굳히다, 강화하다

- If your movie goes fine with the market, you will surely consolidate your position as one of the leading directors of the country.

  당신의 영화가 시장에서 성공하면 주도적인 감독들 중 하나로서 당신의 자리를 굳힐 것이다.

- The company will consolidate its hold on the IT industry with the introduction of a new phone.

  그 회사는 IT 산업에서 새로운 전화기의 도입으로 그 지배력을 강화할 것이다.

② consolidate + 명사

주요 의미 통합하다

- If you want to get greater efficiency, consider consolidating the two departments.

  더 큰 효율성을 얻고 싶다면 그 두 부서의 통합을 고려해 보라.

constitute
['kɑ:nstətu:t]
[칸스터튜웃-트]

① constitute + 명사
주요 의미 구성요건이 되다

- Does the increase in cultural conflict constitute the biggest menace for the future?

  문화충돌증가가 미래에 가장 큰 위협이 되는가?

- That kind of swearing does not constitute a criminal offence.

  그런 욕설은 형사범죄의 구성요건이 되지는 않는다.

② constitute + 명사
주요 의미 구성하다

- Children constitute only 20 percent of the whole workforce.

  아이들은 전체 노동력의 단지 20 퍼센트를 구성한다.

③ be constituted
주요 의미 설립되다

- The union was constituted by the owner of the company himself.

  그 노동조합은 그 회사의 주인 그 자신에 의해 설립되었다.

C 155 construe [kənˈstruː] [컨스츄루]

① construe A as B

주요 의미　A를 B로 이해하다

- His following conduct could not be construed as a compensation.
  이어진 그의 행동은 보상으로 해석될 수 없었다.

- China may construe our approach to the island as a hostile act.
  중국은 그 섬에 대한 우리의 접근을 적대행위로 이해할지도 모른다.

- I do not know how to construe the meaning of your smile.
  나는 당신의 미소의 의미를 어떻게 해석해야 할 지 모르겠다.

- Different people construe your offer in different ways.
  사람마다 당신의 제안을 다른 방식으로 이해한다.

consult [kənˈsʌlt] [컨써얼-트]

① consult + 사람

주요 의미 상담하다, 상의하다

- May I consult my lawyer about this matter?
  이 문제에 대해 나의 변호사와 상담해도 될까요?

- Your lawyer expects to be consulted on that matter.
  당신의 변호사는 그 문제에 대해 상담의뢰 될 것을 기대한다.

② consult + 명사

주요 의미 찾아보다, 참고하다, 살피다, 고려하다

- Before you come to a conclusion please consult the archive.
  결론을 내리기 전에 문서보관소를 참고하세요.

- I am not trained to consult a map.
  나는 독도법을 배우지 않았다.

- You spend too long consulting the mirror.
  당신은 거울을 보면서 너무 오랜 시간을 보낸다.

- He does not seem to consult his own interests when it comes to helping others.
  남들을 돕는 것에 관해서라면 그는 자신의 이익을 고려하지 않는 것으로 보인다.

③ **consult with + 사람**

주요 의미 상의하다

- You had better consult with your family on the job offer.
그 직업제안에 대해 당신의 가족과 상의해 보는 것이 좋겠다.

C 157 consume [kənˈsuːm] [컨수움]

① consume + 명사
주요 의미 소모하다, 먹다, 마시다

- Which type consumes less gas?
  어떤 종류가 기름을 덜 소비합니까?

- He seems to have consumed too much alcohol.
  그는 술을 너무 마셨던 것으로 보인다.

② 감정주어 + consume + 사람
주요 의미 감정이 사람을 지배하다

- A desire to conquer the land consumed the king.
  그 땅을 정복하려는 욕구가 그 왕을 사로잡았다.

- After he died, she was consumed with quilt.
  그가 죽은 후 그녀는 죄책감에 사로잡혔다.

③ consume(자동사)
주요 의미 야위다

- She consumed away with grief after all she had loved was gone.
  그녀가 사랑했던 모든 것이 사라진 후 그녀는 슬픔으로 야위었다.

consummate
['kɑːnsəmeɪt]
[칸써메잇-트]

① consummate + 명사
주요 의미 완성하다, 절정에 이르다, 마무리하다

- His ambition was consummated when he defeated my marriage.
  그의 야심은 나의 결혼을 망쳤을 때 완성되었다.

- His marriage was consummated in his wife's house.
  그는 신부의 집에서 결혼 첫날밤을 보냈다.

② consummate(형용사)
주요 의미 완성된, 순전한

- He is a consummate liar, who can deceive himself.
  그는 스스로도 속일 수 있는 완전한 거짓말쟁이다.

- consummate actor, tact, villain, skill, artist....

contemplate
['kɑ:ntəmpleɪt]
[칸템플레잇-트]

① contemplate + 명사
주요 의미 고려하다, 꾀하다

- Did you ever contemplate a genuine and sincere apology?
  순수하고 진심인 사과를 고려해본 적이 있습니까?

- The cut on the wrist tells that the patient contemplated suicide.
  손목의 상처가 환자가 자살을 꾀했다고 말해줍니다.

② contemplate + ing
주요 의미 -할 것을 고려하다

- I have never contemplated living in the country.
  나는 시골에서 사는 것을 고려해 본적이 없다.

③ contemplate + 명사
주요 의미 응시하다

- He looked as if he contemplated something far away.
  그는 마치 멀리 있는 무엇인가를 응시하는 것처럼 보였다.

160 contend [kənˈtend] [컨텐-ㄷ]

① contend + that 절
주요 의미 강력히 주장하다

- They started the voyage, contending that the earth is round.
  그들은 지구가 둥글다고 주장하며 항해를 시작했다.

② contend(자동사) with
주요 의미 싸우다, 경쟁하다

- There were many groups contending with one another for the ultimate power.
  궁극적인 권력을 쥐기 위해 서로 싸우는 많은 그룹들이 있었다.

- The first settlers in America had to contend with the Indians, sickness, and lack of food.
  미국 최초의 정착민들은 인디언들, 질병 그리고 식량부족과 싸워야 했다.

C 161 contract ['kɑːntrækt] [컨츄렉-ㅌ]

① contract + 명사

주요 의미 계약하다, 청부로 떠맡다, 정식으로 떠맡다

- The city government has contracted its construction to a startup company.

  시정부는 그것의 건설을 신생업체에게 도급 주었다.

- I am supposed to contract my marriage with the daughter of the tycoon.

  나는 그 거물의 딸과 결혼하기로 정식 계약할 것이다.

② contract + 사람

주요 의미 사람과 계약관계를 맺다

- Too many engineers have been contracted to this project.

  이 사업계획에는 너무 많은 기술자들이 계약되었다.

- I am contracted to work for him, not for you.

  나는 당신이 아니라 그를 위해 일하기로 계약되어 있다.

③ contract + 명사

주요 의미 줄이다, 단축시키다

- When you speak, you can contract 'do not' to 'don't'.

  말할 때는 do not 을 don't 로 축약할 수 있다.

- If you contract your eyebrows too often, it will leave lines on your forehead.

  당신이 미간을 너무 자주 찌푸리면, 이마에 주름살이 남을 것이다.

④ contract + 병, 병원균

주요 의미 걸리다

- We are still tracking how they contracted the MERS virus.

  우리는 어떻게 그들이 메르스 바이러스에 걸렸는지 추적하고 있는 중이다.

⑤ contract(자동사)

주요 의미 계약하다, 줄어들다

- I contemplate contracting with the merchant for the supply of gasoline to my filling station.

  나는 나의 주유소에게 휘발유를 공급하기 위해 그 상인과 계약할 것을 고려한다.

- When your muscles contract, they expel blood.

  당신의 근육이 수축될 때 그것들은 피를 내보낸다.

⑥ contract(명사)

주요 의미 약정, 계약, 청부

- I am under contract to finish the work within a month.

  나는 한 달 안에 그 일을 끝내기로 계약되어 있다.

C 162 contrast ['kɑ:ntræst] [컨츄뤠스-트]

① contrast + A with (and) B
주요 의미 A를 B와 대조하다

- It will be evident if you contrast the Korean food culture with the Japanese one.
  당신이 한국의 음식문화와 일본의 것을 비교해 보면 그것이 명백할 것이다.

② contrast(자동사) (with + 명사)
주요 의미 ~와 좋은 대조를 이루다

- The colors of her hair and eyes contrast sharply.
  그녀의 머리칼과 눈의 색깔들이 극명한 대조를 이룬다.

- The scarlet leaves of the maples contrast well with the dark green of the pines.
  단풍잎의 진홍색과 소나무의 암녹색이 좋은 대조를 이룬다.

③ contrast(명사)
주요 의미 대조, 대비, 뚜렷한 차이

- There was no contrast between what we found and what they had reported.
  그들이 알린 것과 우리가 발견한 것 사이에는 차이가 없었다.

- What a contrast it is to be one's child and to be one's parent!
  자식이 된다는 것과 부모가 된다는 것은 얼마나 뚜렷한 대비인가!

contribute
[kənˈtrɪbjuːt]
[컨츄리뷰웃-ㅌ]

① contribute + A + to + B

주요 의미 A를 B에 기부하다, 기여하다

- The course in next semester will not contribute much to our understanding of English grammar.

  다음 학기의 그 강좌는 우리의 영문법에 대한 이해에 별로 기여하지 못할 것이다.

- How much do you think you can contribute to our foundation?

  우리 단체에 얼마나 기부하실 수 있으신지요?

② contribute + 명사

주요 의미 의견, 제안 등을 보태다

- The editorial page is not a space where readers can contribute their suggestions.

  사설페이지는 독자가 의견을 개진할 수 있는 공간은 아니다.

③ contribute(자동사) to

해석법 -에 기여하다, 이바지하다, 원인이 되다

- Using undescribed medication can be said to contribute to more critical condition.

  처방되지 않은 약의 이용이 더 심각한 상황의 원인 될 수도 있습니다.

C 164 contrive [kənˈtraɪv]
[컨츄롸입-v]

① contrive + 명사
주요 의미 용케 성사시키다, 고안하다, 꾀하다

- The Korean motor company is contriving a new kind of engine.
  한국 자동차 회사가 새로운 종류의 엔진을 고안하고 있다.

- If you contrive a conspiracy to defraud me, you'd better drop it.
  나를 사기 칠 계획을 획책한다면 그만 두는 것이 좋을 것이다.

- I am the one who can contrive a reconciliation meeting between them.
  나야말로 그 둘 사이에서 화해의 자리를 성사시킬 사람이다.

- No one can contrive an escape from this redemption facility.
  이 수용소에서 용케 탈출할 사람은 없다.

② contrive + to VR
주요 의미 -하려고 하다, 용케 해내다

- I contrived to spare some time for her birthday.
  나는 그녀의 생일을 위해 어떻게든 시간을 할애했다.

- He seems to be contriving to take a revengeful act upon them.
  그는 그들에게 복수의 행동을 획책하고 있는 것처럼 보인다.

C 165 control [kənˈtroʊl] [컨츄로울]

① control + 명사
주요 의미 지배하다, 통제하다, 조절하다, 규제하다

- I have difficulty controlling my child.
  아이를 통제하는 데 애를 먹고 있다.

- What we eat should be controlled in terms of the whole indexes of checkup.
  우리가 먹는 것은 검진의 모든 지표들의 관점에서 통제되어야 한다.

② control + 명사
주요 의미 대조하다

- I am required to control the result of my experiment with theirs.
  나는 내 실험의 결과를 그들의 것과 대조하도록 요구받았다

③ control(명사)
주요 의미 통제, 통제장치, 통제소, 실험의 대조군

- It was really tough for me to keep him under my control.
  그를 나의 통제 하에 둔다는 것은 정말 어려웠다.

- I am losing control of myself.
  나는 자제력을 잃고 있다.

www.properenglish

- We should keep our talks on arms control going on.
  우리는 무기규제회담을 계속해야 합니다.

- How can we pass the passport control into the departure lounge?
  여권심사대를 어떻게 지나서 출국 라운지로 갈 것인가?

- The control group was given a placebo while the other group was treated with Paxil.
  대조군에게는 위약이 주어졌고 다른 집단은 팍실로 치료가 되었다.

- It is rather difficult to find each control knob.
  각각의 조절 장치를 찾는 것이 상당히 어렵다.

C 166 converse [kən'vɜːrs]
[컨v버어-ㄹ-ㅅ]

① converse with

주요 의미 -와 대화하다

- I am going to converse with my boss about my raise without reserve.

  나는 기탄없이 나의 임금인상에 대해 보스와 대화할 작정이다.

② converse(명사)

주요 의미 반대, 역, 거꾸로 말하기

- You can assemble the unit by doing the converse of the dismantling order.

  분해하는 순서의 역으로 그 부품을 조립할 수 있습니다.

③ converse(형용사)

주요 의미 거꾸로 뒤집은, 역순의

- When you say 'if I am a human, then I am mortal, the converse statement which is 'if I am mortal, then I am a human' can not necessarily true.

  '내가 인간이면 나는 죽을 운명이다' 라고 말할 때, 그 역순인 '내가 죽을 운명이면 나는 인간이다' 라는 진술이 반드시 맞는 것은 아니다.

C 167 convert [kən'vɜ:rt] [컨v버어-ㄹ-ㅌ]

① convert A into B

주요 의미 A를 B로 전환하다

- This small living room can be converted into a wonderful bed room.
  이 작은 응접실은 멋진 침실로 바뀔 수 있습니다.

- Can you convert the degrees of Fahrenheit into Celsius?
  이 화씨온도를 섭씨온도로 바꿀 수 있습니까?

② convert + 사람

주요 의미 개종시키다, 전향시키다

- I will never be converted to a socialist.
  나는 결코 사회주의자로 개조되지는 않을 것이다.

- The early settlers of the New World tried to convert the natives to Catholics.
  신세계의 초기 정착인들은 원주민들을 카톨릭으로 개종시키려 애썼다.

③ convert(자동사) to

주요 의미 -로 바꾸다, 개조되다

- They are asked to **convert from Christianity to Islam**.
  그들은 기독교에서 이슬람으로 개종하도록 요구받고 있다.

- She has **converted to vegetarian food** recently.
  그녀는 최근에 채식으로 전환했다.

④ convert(명사)

주요 의미 개종자, 전향자

- Do you think it reasonable to **make a convert of a person**, based on the superiority of your own religion?
  당신 자신의 종교의 우월성을 근거로 한 사람을 개종자로 만드는 것이 합당하다고 생각합니까?

C 168 convey [kənˈveɪ] [컨v베이]

① convey + 명사
주요 의미 전달하다, 운반하다, 실어 나르다, 전파하다, 알리다

- Hot water is conveyed by a pipe from the boiler to the bath.
  뜨거운 물이 파이프를 통해 보일러에서 욕탕으로 운반됩니다.

- Who is going to convey this sad news to the general?
  누가 이 슬픈 소식을 그 장군에게 알릴 것인가?

② convey + 명사 / that 절
주요 의미 의미하다

- What did her silence convey to him?
  그녀의 침묵은 그에게 무엇을 의미했는가?

- She did not wish to convey that she wanted to ignore him by no response.
  그녀는 자신이 무응답으로 그를 무시하고 싶다는 의미를 전달하길 원치는 않았다.

C 169 cook [kʊk] [쿠욱]

① cook + 명사
주요 의미 요리하다 (주로 열을 사용해서)
- I know how to cook those vegetables.
  나는 그 채소들을 요리하는 방법을 안다.

② cook + A (간접목적어) + B (직접목적어)
주요 의미 -에게 -을 요리해주다
- I like to cook them this very exotic food.
  나는 그들에게 이 매우 이국적인 음식을 요리해 주고 싶다.

③ cook (자동사)
주요 의미 요리되다, 익다, 구워지다, 요리하다
- The root can hardly cook in water.
  그 뿌리는 물에서는 잘 삶아지지 않는다.

④ cook (명사)
주요 의미 요리사
- Too many cooks spoil the broth.
  요리사가 너무 많으면 국을 망친다.

C 170   cool [ku:l] [쿨]

① cool + 명사
주요 의미 식히다

- The shower this afternoon can cool the air so you can feel better.
  오늘 오후의 소나기는 대기를 식힐 것이므로 기분이 나아질 수 있습니다.

② cool (자동사)
주요 의미 식다

- When it cools, it contracts remarkably, which you have to consider.
  그것이 식으면 상당히 수축되므로 이 사실을 고려해야 합니다.

- Tell him to count to ten until his temper has cooled down.
  그에게 성질이 가라앉을 때까지 열까지 세라고 말해주세요.

- It is so sad that our relationship should have cooled.
  우리의 관계가 식었다는 것이 매우 슬프군요.

③ cool (형용사)

주요 의미 시원한, 서늘한, 침착한, 냉담한, 멋진

- He would look pretty cool with his face shaved.
 그는 얼굴에 면도만 하면 매우 멋진 모습일 텐데.

- That was a cool game, It was awesome.
 그건 멋진 게임이었어. 끝내줬어.

- That was a cool reception for a country's representative.
 한 나라의 대표에게는 꽤 냉담한 환영식이었지.

- However hard I tried to keep cool, I couldn't help trembling from head to feet.
 침착하기 위해서 아무리 애를 썼어도 머리부터 발까지 떨릴 수 밖에 없었다.

- Cooler weather has been expected, which will turn out to be a mis-forecast.
 더 서늘한 날씨가 예측되었지만 아다 빗나간 관측으로 판명될 것이다.

C 171 correct [kəˈrekt] [커뤠엑-트]

① correct + 명사
주요 의미 교정하다, 바로잡다

- There is something that I want to correct in the final report.
  최종보고서에서 제가 바로잡고 싶은 것이 있습니다.

- It is more than I can correct in just a few minutes by using my calculator.
  그것은 나의 계산기를 사용해서 몇 분 안에 교정할 수 있는 것 이상입니다.

- I am ready to correct him if he wishes me to.
  그가 원한다면 나는 언제든 그를 바로잡아줄 준비가 되어 있다.

② correct (형용사)
주요 의미 올바른, 적절한

- The correct answer is D.
  정답은 D입니다.

- I am not sure if this is a correct method to cook the zucchini.
  이것이 그 호박을 요리하는 적절한 방법인지에 대한 확신이 안 섭니다.

C 172 corrupt [kəˈrʌpt] [커뤄업-트]

① corrupt + 명사

주요 의미 부패시키다, 타락시키다, 오염시키다

- We should always be very cautious about the effect of great wealth which can **corrupt us**.

  우리를 타락시킬 수 있는 엄청난 부의 효과에 대해 우리는 늘 조심해야 한다.

- He is against that religion which he thinks **has already been corrupted** by some priests.

  그는 일부 성직자들에 의해 이미 오염되었다고 생각한 그 종교에 대해 반대하고 있다.

② corrupt (형용사)

주요 의미 부패한, 비도덕적인, 변질된

- Do we have the courage with which we fight against the **corrupt practices**?

  그 부패한 관행들에 맞서 싸울 용기를 우리가 가지고 있는가?

- I will never give an inch to the **corrupt officials** who take bribes from people.

  사람들에게서 뇌물을 받는 부패한 관리들에게 절대로 틈을 주지 않을 것이다.

C 173 counsel ['kaʊnsl] [카운쓸]

① counsel + 명사(주로 상담의 대상인 사람)
주요 의미 전문적인 상담을 해주다

- The families of the victims should be counseled.
  희생자들의 가족들은 전문적인 상담을 받아야 한다.

- I am willing to counsel them to ease their mind.
  그들의 마음을 편하게 하기 위해 나는 기꺼이 전문적인 상담을 해 줄 것이다.

② counsel (명사)
주요 의미 전문적 충고, 법정에서 활동하는 변호인

- According to the counsel for the defence, there is a clear evidence that will show he was not at the crime scene that day.
  피고측 변호인에 따르면 그가 그날 범죄현장에 없었다는 것을 보여줄 명백한 증거가 있답니다.

- Do not ignore the counsels from the old and wise.
  늙었지만 현명한 사람들로부터의 충고를 무시하지 마라.

C 174 court [kɔːrt] [코어-ㄹ-트]

① court + 명사

주요 의미 환심을 사려하다, 구애하다, 얻으려 애쓰다

- The young apprentice has been **courting the daughter** of his master.

  그 젊은 도제는 자기 스승의 딸에게 구애하고 있는 중이다.

- **By courting the netizens**, the politician succeeded in conveying his agenda.

  네티즌들에게 환심을 사면서 그 정치가는 자신의 의제를 전달하는데 성공했다.

② court + 명사(좋지 않은 일)

주요 의미 자초하다

- He wanted to get out of my control, **courting a disaster to himself**.

  그는 스스로에게 불행을 자초하면서 나의 통제를 벗어나길 원했다.

③ **court**(명사)

주요 의미 법정, 특정 경기를 하는 장소, 궁전, 건물 내부의 위쪽이 개방된 공간

- The tourists were much impressed by the spacious food court of the mall.

  관광객들은 그 쇼핑몰의 널찍한 식당구역에 매료되었다.

- The life in court was so boring that the prince slipped out of it, playing a pauper.

  궁정에서의 삶은 매우 건조해서 그 왕자는 거지 노릇을 하며 몰래 그곳을 빠져 나가곤 했다.

- Does he want to bring the case to court or to reconciliation?

  그는 그 사건을 재판정으로 가져가길 원하나요 아니면 화해로 가져가길 원하나요?

C 175 cover ['kʌvə(r)] [커v버-ㄹ]

① cover + 명사

주요 의미 감추거나 보호할 목적으로 덮거나 가리다

- When she laughs that kind of laughter, she is trying to cover her nervousness.

  그녀가 그런 식으로 웃을 때 그녀는 초조함을 감추려고 하는 것이다.

- The top of the mountain is covered with snow and ice all the time.

  그 산의 정상은 늘 얼음과 눈으로 덮여있다.

- He is trying to cover himself from negligence claim by reporting his whereabouts.

  그는 거처를 알림으로써 직무태만으로부터 자신을 보호하려고 애쓰는 중이다.

② cover + 명사

주요 의미 효과를 보는 범주에 포함시키다

- The medical insurance that you have does not cover this type of ailment.

  당신이 가지고 있는 의료보험은 이런 질환을 보장하지는 않습니다.

- I need more affiliations to cover every nook and cranny of the area.

  우리는 그 지역 구석구석을 다 포괄하기 위해 더 많은 연맹체를 필요로 한다.

- I don't think this amount will cover my tuition and lodging.

  이 정도의 돈이 내 학비와 숙식비를 해결할 것 같지 않다.

③ cover + 거리

주요 의미 특정한 거리만큼을 가다

- I couldn't cover more than a hundred kilometers with my flat tires.

  바람 빠진 타이어로 100 킬로미터 이상 갈 수는 없었다.

④ cover + 보도자료

주요 의미 취재하다, 방송용으로 다루다

- This September issue will cover the hidden kingdom of North Korea.

  9월호는 북한이라는 은둔왕국을 다루게 될 것이다.

⑤ cover + 사람, 역할

주요 의미 자리를 대신 해 주다, 떠맡다

- I can cover you while you enjoy your summer holidays.

  당신이 여름휴가를 즐기는 동안 당신의 자리를 내가 대신 맡아줄 수 있다.

⑥ cover + 명사

주요 의미 엄호하다

- Will you cover him while he is making a close approach to the wall?

  그가 벽에 바짝 다가가는 동안 그를 엄호해 줄 수 있는가?

⑦ cover(자동사) for

주요 의미 핑계를 만들어 보호하다

- Yes, I always cover for him when boss ask where he is or what he is doing.

  그렇다 사장이 그의 소재를 묻거나 그가 하는 일을 물을 때 나는 항상 그를 위해 적당한 핑계를 대 준다.

⑧ cover(명사)

주요 의미 덮개, 은신처, 표지, 보장범위, 엄호, 지표를 덮고 있는 풀이나 나무 혹은 구름, 위장, 대행업무

- While the conductors were on a strike, the desk workers were required to provide an emergency cover.

  차장들이 파업 중이었을 때 사무직들이 비상대행업무를 제공하도록 요청받았다.

- How could you give me such a cover for your real occupation?

  어떻게 당신의 진짜 직업을 속이기 위한 그런 위장을 나에게 할 수 있었는가?

- The decrease of forest cover in the region has contributed to the severe yellow dust.

  그 지역의 초목감소가 심한 황사에 기여했다.

- The cloud cover doesn't necessarily convey imminent downpour.

  그 구름층이 임박한 소나기를 반드시 의미하는 것은 아니다.

- The aviation squadron was asked to give air cover to the infantry division.

  그 항공여단은 보병사단에게 공중엄호를 주도록 요청받았다.

- I was shot at the right elbow just when the sergeant told me to take cover.

  하사가 나에게 몸을 숨기라고 말했을 바로 그때 나는 오른 팔꿈치에 총을 맞았다.

- The cover of the stroller was badly contaminated by the defecation of the cat.

  유모차의 덮개가 고양이의 배설물에 의해 심하게 오염되었다

C 176 crack [kræk] [크뢕-ㅋ]

① crack + 명사
주요 의미 금이 가게 하거나 부수다

- I have cracked a tooth by hitting against a glass door.
  나는 유리문에 부딪혀서 이빨에 금이 갔다.

- This gadget is used to crack wall nuts.
  이 장치는 호두를 깨는데 이용된다.

② crack + 명사
주요 의미 세게 부딪히다

- I always crack my head on the low entrance.
  나는 낮은 입구에 항상 머리를 부딪힌다.

③ crack + 명사
주요 의미 어려운 문제를 풀어내다

- No one can crack this mathematical enigma for the time being.
  당분간 이 수학적 수수께끼를 풀 사람은 없다.

④ crack + 명사

주요 의미 단속하다, 일망타진 하다, 와해시키다

- The network of drug deals was cracked by the campaign.

  마약거래망이 그 작전으로 와해되었다.

⑤ crack (자동사)

주요 의미 금이 가다, 깨지다, 부수어지다, 무너지다, 날카로운 소리를 내다

- Another flash of lightning was shooting, followed by a cracking sound across the sky.

  또 다른 번개가 하늘을 가로질렀고 이어서 굉음이 따라왔다.

- The ice may crack if you concentrate your weight on the surface.

  당신이 체중을 분산하지 않으면 얼음이 깨질 수도 있다.

- When she told me that she wanted to quit, her voice was cracking with sadness.

  그녀가 그만 두고 싶다고 말했을 때 그녀의 목소리는 슬픔으로 갈라지고 있었다.

- Because she was under stress, he didn't think it would take long before she cracked.

  스트레스를 받고 있었기 때문에 그는 그녀가 무너지기 전에 시간이 오래 걸릴 것이라고 생각하지 않았다.

⑥ crack(명사)

주요 의미 갈라진 금, 갈라진 틈, 갈라지는 소리, 타격, 마약의 일종

- Everybody witnessed the scene through the cracks in the curtains.

  모두가 커튼의 갈라진 틈으로 그 장면을 목격했다.

- The collapse of the building was foretold with the increasing cracks in the walls.

  벽에 점점 늘어나는 금들로 그 건물의 붕괴는 예고되었다.

C 177 cram [kræm] [크램]

① cram + A into B
주요 의미 A를 B 속에 쑤셔 넣다, 가득 채우다

- We were caught by a policeman for having crammed 6 people into our sedan.
  우리는 승용차에 6명을 쑤셔 넣은 혐의로 경찰에게 잡혔다.

- With sorrow, she could hardly cram the piece of food into her throat.
  슬픔으로 그녀는 목구멍에 그 음식 조각을 거의 밀어 넣을 수가 없었다.

- You cannot get a high score by cramming what takes a long time to be learned.
  배우는데 오랜 시간이 걸리는 것을 쑤셔 넣음으로써 고득점을 얻을 수는 없다.

② cram (자동사) into
주요 의미 -에 간신히 들어가다

- Every morning I have a hard time cramming into the crowded subway train.
  매일 아침 나는 지하철에 끼어 들어가기 위해 애를 먹는다.

C 178 cramp [kræmp] [크렘-ㅍ]

① cramp + 명사 + from + ing
주요 의미 방해하다, 진행을 가로막다

- The dress code may cramp creative energy from flowing.
  그 복장수칙은 창의적 에너지가 흐르는 것을 막을 수 있다.

② cramp(명사)
주요 의미 근육경련

- If you get a cramp in your legs while swimming, you may face a fatal consequence.
  수영하다가 다리에 쥐가 나면 치명적 결과를 맞이할 수도 있다.

C 179 crash [kræʃ] [크뤠쉬]

① crash + A (into B)

주요 의미 A를 B에 충돌시키다, 세게 부딪히다

- The parking valet mistakenly crashed your car into a poll.
  주차직원이 당신의 차를 실수로 기둥에 충돌시켰습니다.

② crash(자동사) + with / against / into

주요 의미 추락하다, 폭락하다, 충돌하다, 요란한 소리를 내다

- I had a feeling that my plane would crash against the mountain top.
  나는 내 비행기가 그 산 정상에 부딪힐 것이라는 느낌을 가졌다.

- Due to the phobia for a new epidemic, stock market crashed to an all-time low.
  신종 전염병에 대한 공포로 인해 주식시장이 전례 없이 붕괴했다.

- The glass crashed to the floor when it fell from the shelf.
  그 잔은 선반에서 떨어졌을 때 바닥에서 요란한 소리를 내며 깨졌다.

③ crash(자동사) + (on)

주요 의미 -에서 임시로 잠이 들다

- Daddy, is it possible that one of my friends can find a shelter for a couple of days, crashing on the floor of my room?

  아빠, 내 친한 친구 중 하나가 내 방 바닥에서 잠을 자면서 며칠 간 우리 집에서 거처를 구하는 것이 가능할까요?

④ crash(형용사)

주요 의미 단기에 집중적으로 이루어지는

- You are likely to regain your weight after the crash diet.

  당신은 그 단기 식단조절 후에 다시 살이 찔 것이다.

- Can I make a wooden chair after the crash course on DIY program?

  그 스스로하기 프로그램의 단기 과정 후에 나무 의자를 만들 수 있습니까?

C 180　crawl [krɔːl] [크뤄얼]

① crawl(자동사)

주요 의미 기다, 느리게 가다, 아첨하다

- Some animal seemed to be crawling across my room.
  어떤 동물이 내 방을 가로질러 기어가는 것처럼 보였다.

- All the cars were crawling to get to the picnic area.
  모든 차들이 그 소풍구역에 가기 위해 기어가고 있었다.

- Am I crawling to you or being kind to you?
  내가 당신에게 아첨하는 것인가 혹은 친절하게 굴고 있는 것인가?

② crawl(명사)

주요 의미 기어가기, 수영의 자유형 영법

- I have not mastered the crawl type yet.
  나는 자유형을 아직 정복하지는 못했다.

C 181 credit ['kredɪt] [크뤠딧]

① credit + A with B / B to A

주요 의미 B를 A의 업적 혹은 공로로 말하다

- This photo is credited to Mr. Angler.
  이 사진은 Angler씨의 공로이다.

- Mr. Angler is credited with this photo.
  이 사진은 Angler씨의 공로이다.

- All the donors are credited on the back of the monument.
  모든 기증자들의 이름이 그 기념비의 뒤에 표시되어 있다.

② credit + A with B / B to A

주요 의미 A에 B를 입금하다, 입금란에 표시하다

- A suspicious sum of money has been credited to my son's account.
  수상쩍은 양의 돈이 내 아들의 계좌에 입금되었다.

- My son's account has been credited with a suspicious sum of money.
  내 아들의 계좌에 수상쩍은 양의 돈이 입금되었다.

③ credit A with B

주요 의미 A에게 B가 있다고 믿다

- I would like to credit him with honesty.
  나는 그에게 정직성이 있다고 믿고 싶다.

- I can hardly credit him with having said so.
  나는 그가 그렇게 말했다고 믿기 어렵다.

④ credit A as B

주요 의미 A를 B라고 믿다

- Elephants are likely to be generally credited as the biggest mammal on Earth.
  코끼리들이 세상에서 가장 큰 포유류라고 보통 믿어지기 쉽다.

⑤ credit + 명사

주요 의미 믿다

- Could you credit that he bas been promoted to your supervisor?
  그가 당신의 상사로 진급했다는 사실을 믿을 수 있습니까?

⑥ credit(명사)

주요 의미 신용거래, 융자, 신용도, 잔고, 입금액, 공제액, 칭찬, 자랑거리, 기여자들의 이름에 대한 언급, 학점, 점수

- The ending credits lasted until 10 minutes after.
  제작자들의 이름 언급이 10분후까지 지속되었다.

- How many credits do you have to cover this semester?

  이번 학기에 몇 학점을 이수해야 합니까?

- It was not until he died that he finally got the credit that he deserved.

  그가 사후에서야 그는 받아야 할 인정을 마침내 받았다.

- High credits will be given if you show your creative approach to the matter.

  그 문제에 대한 창의적 접근을 보여 준다면 높은 점수가 주어질 것이다.

- All the credits for the idea are not mine but yours.

  그 생각에 대한 모든 인정은 나의 것이 아니라 너의 것이다.

- Now you have become a credit to my family.

  이제 당신이 우리 가족의 자랑거리가 되었습니다.

- Can I purchase this fruit on credit since I have no cash with me?

  현찰을 지니고 있지 않은데 신용카드로 이 과일을 살 수 있습니까?

- My bank would refuse to give me further credit.

  거래은행이 나에게 더 많은 융자를 주지 않을 것이다.

- If I fail in depositing this sum, my credit would be in a bad bracket.

  내가 이 돈을 입금하지 못하면 내 신용도는 불량구간에 들어갈 것이다.

C 182 creep [kriːp] [크뤼입]

① creep (자동사)

주요 의미 살금살금 움직이다, 살살 기다, 느리게 전개되다, 굽실대다, 살갗이 근질대다, 섬뜩하다

- The sight made my flesh creep.
  그 광경은 내 살에 소름이 돋게 했다.

- While I was creeping up the stairs, I saw father creeping down the stairs.
  내가 살금살금 계단을 올라가고 있었을 때 나는 아버지가 살금살금 계단을 내려오고 있는 것을 보았다.

- A strange feeling crept over my body.
  이상한 느낌이 나의 몸 위를 기어 다녔다.

- The man crept into my favor.
  그 남자는 서서히 나의 호감 속으로 들어왔다.

② creep (명사)

주요 의미 소름끼치게 싫은 물건, 사람, 서행, 오싹한 느낌

- It gave me the cold creep.
  그것은 나에게 오싹한 느낌을 주었다.

C 183 crib [krɪb] [크립]

① crib + 명사

주요 의미 무단 사용하다, 표절하다, 몰래 베끼다, 좁은 곳에 가두다, 여물통을 두다

- He is notorious for cribbing other author's idea.
  그는 다른 작가의 아이디어를 무단 사용하는 것으로 악명 높다.

- The baby was cribbed in the closet.
  그 아기는 벽장에 가두어졌다.

② crib (자동사) from

주요 의미 -에서 베끼다

- I was caught cribbing from my text book.
  나는 교재에서 베끼다가 걸렸다.

③ crib (명사)

주요 의미 말구유, 거처, 시험 때 이용하는 불법적 쪽지, 아기 침대

- He tried to crack a crib, when a security guard was approaching the door.
  그는 경비원이 문으로 다가오고 있었을 때 그 집을 털려고 하고 있었다.

- Increase in crib death during rainy seasons has been reported.
  우기에 요람의 돌연사 증가가 보고되었다.

- This crib takes apart for easy storage.
  이 아기 침대는 쉬운 보관을 위해 분해된다.

C 184 cripple ['krɪpl] [크뤼쁠]

① cripple + 명사

주요 의미 불구로 만들다, 심한 손상을 주다

- The ship rammed into an iceberg, which crippled its screw.
  그 배는 부빙에 충돌했고 그것이 추진날개를 손상시켰다.

- The Japanese fleet was crippled by successive defeats.
  일본 함대는 연이은 패배로 심한 손상을 입었다.

- If you fail in your suicide attempt, you will cripple yourself.
  당신이 자살시도에서 실패한다면 스스로를 불구로 만들 것이다.

② cripple (명사)

주요 의미 불구자, 장애인

- I was born a cripple with a birth defect on my eyes.
  나는 눈에 태생적 결함을 가진 불구자로 태어났다.

C 185 crop [krɑːp] [크롭]

① crop + 명사
주요 의미 짧게 깎다, 일부를 잘라 내서 표시를 하다

- He had his hair cropped short, which gave him a different look.

  그는 머리를 짧게 잘랐는데 아주 다른 인상이 되었다.

② crop + 곡물
주요 의미 경작하다, 곡물 등을 심다, 수확하다

- In the first year, I cropped just 10 acres with potatoes.

  첫 해에 나는 단지 10 에이커의 땅에 감자를 심었다.

- The Nile deltas were once intensively cropped.

  나일 삼각주들은 한 때 집중적으로 경작되었다.

- We need more hands to crop our corn before it is too late.

  너무 늦기 전에 우리의 옥수수를 수확하기 위해 더 많은 일손이 필요하다.

③ crop + 풀
주요 의미 동물이 풀을 뜯어 먹다

- They let their sheep crop the clovers in my yard.

  그들은 나의 뜰에 있는 클로버들을 자신들이 양이 뜯어 먹게 내버려 두었다.

④ crop (자동사)

주요 의미 곡물의 생산량이 좋다, 소출이 많다

- The beans did not crop as well as in the previous year.
  콩들이 그 전 해만큼 수확이 좋지 않았다.

⑤ crop up

주요 의미 갑자기 나타나다

- My ex boy friend's name just cropped up in the conversation with him.
  그와의 대화 속에서 갑자기 전 남자친구의 이름이 불쑥 나왔다.

- An unexpected question has cropped up.
  예기치 않았던 문제가 갑자기 대두되었다.

⑥ crop (명사)

주요 의미 작물, 생산된 수확물, 한꺼번에 나오는 무리, 집단, 잇따른 등장

- We do not spread our crop with pesticides.
  우리는 작물에 살충제를 치지 않습니다.

- The peasants decided to give them the green crop.
  그 농부들은 그들에게 탈곡하지 않은 곡물을 제공하기로 결정했다.

- What a crop of questions out of his mouth!
  그의 입에서 한꺼번에 쏟아져 나온 많은 질문들!

- Who is in charge of this trainee crop?
  누가 이 훈련병집단의 우두머리인가?

C 186 cross [krɔːs] [크롸쓰]

① cross + 명사
주요 의미 가로지르다, 횡단하다

- We are building a bridge which **crosses the two valleys**.
  우리는 그 두 계곡을 가로지르는 다리를 건설 중이다.

- A look of recognition just **crossed his face**.
  알아보았다는 표정이 그의 얼굴을 스쳐 지나갔다.

- A bright idea **crossed my mind**.
  좋은 생각이 떠올랐다.

② cross + 명사
주요 의미 교차시키다, 교배시키다

- Do not **cross your legs and arms** when you talk to the professor.
  그 교수님과 대화할 때에는 팔짱을 끼지도 다리를 꼬지도 말라.

- If you **cross a horse with a donkey**, you get a mule.
  당신이 말과 당나귀를 교배시키면 노새를 얻게 된다.

③ cross + 명사
주요 의미 십자표시의 줄을 긋다, 성호를 긋다, 줄을 그어 표시하다

- The priest **crossed himself** before he began the procedure.

  그 성직자는 그 절차를 시작하기 앞서 성호를 그었다.

- The check **has been crossed** and you cannot use it.

  그 수표는 횡선이 그어져 있고 당신은 그것을 사용할 수 없다.

- I am asked to **cross out the photos** of men I have never seen.

  나는 내가 본 적이 없는 사내들의 사진들을 표시하며 지우도록 요청받고 있다.

- When I was leaving my old house, my younger sister **crossed her fingers**.

  내가 집을 떠날 때 나의 어린 여자동생이 나에게 행운을 비는 손가락십자를 해 주었다.

---

④ cross + 명사

주요 의미 엇갈리게 하다, 스치게 하다

- They **crossed each other** on the way to and from the house and it was their last encounter.

  그들은 그 집으로 들고 나는 중에 서로 스쳤고 그것이 그들의 마지막 조우였다.

---

⑤ cross + 명사

주요 의미 방해하다, 반대하다

- He **has been crossed** in his plan to court her.

  그는 그녀에게 구애하려는 그의 계획에서 방해를 받았다.

⑥ cross(자동사) (+ over from A to B)

주요 의미 교차하다, A에서 B로 건너가다

- My letter to her and her letter to me have crossed.

  그녀와 나의 편지가 서로 교차했다.

- I just crossed over from Ireland to France for more social connection.

  나는 넓은 인맥을 위해 아일랜드에서 프랑스로 건너갔다.

⑦ cross(명사)

주요 의미 십자형틀, 시련, 이종교배

- It is not just a war for food. Rather it could be called the Cross versus Crescent.

  그것은 생존을 위한 전쟁이 아니라 오히려 기독교대 이슬람교라고 부를 수 있다.

- Just knock at each door that I put a cross on.

  내가 위에다 십자표시를 해 놓은 문마다 노크를 하세요.

⑧ cross(형용사)

주요 의미 가로지른, 비스듬한, 반대의, 잡종의, 상호간의

- He was wearing a cross bag which bulged out with something in it.

  그는 속에 든 것으로 불룩 튀어나온 크로스 백을 메고 있었다.

- Please remember to make a cross check on each door and window.

  각각의 문과 창문을 교차 검토하는 것을 잊지 마세요.

C 187 crowd [kraʊd] [크롸웃-드]

① crowd + 명사
주요 의미 가득 채우다, 밀어 넣다

- The living room was crowded with antique furniture.
  그 거실은 오래된 가구로 가득 차 있었다.

- More people were crowded into the carriage than could be accommodated.
  수용될 수 있는 것 보다 많은 사람들이 객차에 가득 차 있었다.

- Her contribution to the magazine had to be crowded out.
  그 잡지에 대한 그녀의 기고는 지면관계로 밀려났다.

② crowd(자동사) + in / out
주요 의미 밀고 들어가다, 나오다

- The fans crowded in the powder room to see her.
  팬들은 그녀를 보기 위해 분장실로 몰려들었다.

③ crowd(명사)
주요 의미 군중, 다수, 붐비는 상황, 때거리

- Let's make an early hour to avoid the crowd.
  군중을 피하기 위해 좀 이른 시간으로 정하자.

- I don't want to be introduced to your usual crowd.
  나는 당신네 패거리에게 소개되고 싶지 않다.

C 188 crown [kraun] [크롸운]

① crown + 명사

주요 의미 왕관을 씌우다, 치관을 씌우다

- I had two teeth crowned last year.
  나는 작년에 두 개의 이빨에 치관을 씌웠다.

- He crowned himself against all the wishes from the people who had supported his pure ideal.
  그는 그의 순수한 이상을 지지했던 모든 사람들의 소망을 버리고 스스로 왕좌에 올랐다.

② crown + 명사 + 보어

주요 의미 -에게 -을 씌우다

- Not all wanted to crown Caesar king.
  모두가 시저를 왕으로 삼고자 했던 것은 아니었다.

③ crown + 명사

주요 의미 영예를 주다, 최후를 장식하다

- Success and glory have crowned him and his efforts.
  성공과 영광이 그와 그의 노력에 최후를 장식해 주었다.

- The hill was crowned with a tower with a big star on the top.
  그 언덕은 큰 별이 꼭대기에 있는 탑으로 장식되었다.

④ crown(명사)

주요 의미 왕관, 군주국의 정부, 우승자, 영광, 영예, 치관, 꼭대기, 절정

- He refused the crown to marry the gipsy woman.

  그는 그 떠돌이 여자와 결혼하기 위해 왕관을 거부했다.

- She is known to have kept the LPGA crown for the longest time.

  그녀가 가장 긴 시간동안 그 여자프로골프 여제를 유지했던 것으로 알려져 있다.

① crush + 명사

주요 의미 으깨다, 쭈그러뜨리다

- At first stage, you have to crush the grapes with your own feet and hands.

  우선 당신은 손과 발로 포도들을 으깨야 한다.

- The victim of the car accident is reported to have been crushed under the bus.

  그 교통사고의 희생자는 그 버스 아래서 으스러졌던 것으로 보도되고 있다.

② crush + 명사

주요 의미 희망이나 자신감 행복 등을 짓밟다, 탄압하다

- At her words of criticism, I was so crushed with grief.

  그녀의 비판에 나는 슬픔으로 짓밟혔다.

- The riot police were called on to crush the rebellion.

  그 반란을 진압하기 위해 전투경찰들이 호출되었다.

③ crush + 명사

주요 의미 쑤셔 넣다

- It is natural that an epidemic should have developed when more than one thousand slaves were crushed under the deck.

  갑판 아래 천 명이상의 노예들이 쑤셔 넣어 졌을 때 전염병이 생긴다는 것은 당연한 일이다.

④ crush(명사)

주요 의미 압착, 으깨기, 바수기, 진압, 붐빔, 홀딱 반함, 과즙음료

- I have a crush on one of the weather reporters on a tv station.

  나는 한 티비 방송국의 일기예보자들 중 하나에게 반했다.

- He is more like a schoolgirl crush, than a manly member.

  그는 남자다운 멤버라기보다는 여학생들이 홀딱 반하는 타입에 가깝다.

- You've got to make way through the crush in front of the theater.

  당신은 극장 앞에 있는 군중을 뚫고 길을 내야 한다.

C 190 cry [kraɪ] [크라이]

① cry + that 절
주요 의미 -라고 외치다

- I **cried that** it was more than I could bear.
  나는 그것이 내가 견딜 수 있는 것 이상이라고 외쳤다.

② cry + tears / eyes / heart / oneself
주요 의미 눈물을 흘리다, 울어서 눈이 붓다, 흐느끼며 울다

- I **cried the tears** that you wouldn't dry.
  나는 당신이 해결 해 줄 수 없는 일로 울었다.

- I **cried my eyes out**.
  나는 눈이 붓도록 울었다.

- She **cried herself blind**.
  그녀는 눈물로 앞을 볼 수 없었다.

③ cry (자동사)

주요의미 소리치다, 울다

- The little boy cried out for his mother.
  그 작은 소년은 엄마를 외쳐 불렀다.

- I cried for joy not for sorrow.
  나는 슬픔이 아니라 기쁨에 겨워 울었다.

- Do not cry before you are hurt.
  아프기도 전에 울지 마라.

④ cry (명사)

주요의미 비명, 고함, 울음, 간절한 요청

- If you are so overwhelmed with grief, give yourself a good cry.
  당신이 슬픔으로 압도당할 때는 실컷 울어라.

- There was a cry for more food from the refugees.
  난민들로부터 더 많은 음식에 대한 간절한 요청이 있었다.

C 191 cuddle [ˈkʌdl] [커들]

① cuddle + 명사
주요 의미 껴안다

- The missing girl was found in a barn, cuddling a teddy bear.
  그 실종소녀는 곰 인형을 끌어안은 채 한 헛간에서 발견되었다.

② cuddle (자동사)
주요 의미 끌어안다

- They were cuddling in order to keep warm.
  그들은 온기를 유지하기 위해 서로 끌어안고 있었다.

- I have a habit of cuddling up with my pillow.
  나는 베개를 끌어안고 자는 습관이 있다.

③ cuddle (명사)
주요 의미 껴안기, 포옹

- Give him a special cuddle before he leaves.
  그가 떠나기 전에 특별한 포옹을 해 주어라.

culminate ['kʌlmɪneɪt] [컬미네잇-트]

① **culminate**(자동사) + **at / with / in...**

주요 의미 대단원의 막을 내리다, 절정을 맞이하다

- It was a wedding ceremony which **culminated with** bride and groom jumping out of a chopper to the lake.

  그것은 신랑과 신부가 헬기에서 호수로 뛰어내리면서 막을 내린 결혼식이었다.

- The road tour is supposed to **culminate** at a jam concert in an island.

  그 순회공연은 한 섬에서 잼 콘서트로 막을 내리게 되어 있다.

- The campaign **culminated** with an appeal for unity.

  그 캠페인은 단합에 대한 호소로 막을 내렸다.

C 193 cultivate [ˈkʌltɪveɪt]
[컬터v베잇-ㅌ]

① cultivate + 땅
주요 의미 경작하다

- I am planning to buy some land which has never been cultivated.
  나는 경작된 적이 없는 땅을 살 계획이다.

② cultivate + 작물
주요 의미 재배하다

- Which crop are you mostly cultivating?
  어떤 작물을 주로 경작하는 중입니까?

③ cultivate + 인간관계
주요 의미 인맥을 쌓다

- Every politician tries to cultivate good relations with press and journalists.
  모든 정치인은 언론이나 언론인들과 좋은 관계를 만들려고 한다.

④ cultivate + 언어, 행동, 예절, 태도, 힘, 지식, 미덕
주요 의미 함양하다

- If she **cultivates an attitude** of sophistication, the sexy woman can get all the men under her control.

  그녀가 세련된 태도를 기른다면 그 도발적인 여인은 그 모든 남성들을 좌우할 수 있을 것이다.

⑤ cultivate + 세균
주요 의미 배양하다

- The Japanese special troop is known to have **cultivated many kinds of deadly viruses**.

  그 일본군 특수부대는 치명적인 많은 종류의 세균들을 배양했던 것으로 알려져 있다.

C 194 curb [kɜ:rb] [커-ㄹ-ㅂ]

① curb + 명사
주요 의미 억제하다

- If you fail to learn to curb your temper, you will end up in jail.
  당신이 성질을 죽이는 법을 배우지 못하면 결국 감옥에 가게 될 것이다.

- We can say the central government has been poor at curbing the spread of the disease.
  중앙정부가 그 질병의 확산을 억제하는데 부족했다고 우리는 말할 수 있다.

② curb(명사)
주요 의미 제한, 억제, 보도의 연석, 우물의 귀틀, 장외시장

- Now I have to place a curb on my expenditure.
  나는 이제 경비를 줄여야 한다.

- My car is parked by the curb, so I need to be in a hurry back.
  내 차가 도로변에 주차되어 있어서 서둘러야 한다.

- The old men are sitting on the curb, smoking cigars.
  그 노인들은 시가를 피우면서 연석에 앉아 있다

C 195 cure [kjʊr] [큐어-ㄹ]

① cure + A(사람) of B(질병)
주요 의미 A에서 B를 낫게 하다

- No medicine is known to be able to cure us of the disease called MERS.

  그 어떤 치료약도 메르스를 치료할 수 있다고 알려지지 않았다.

② cure + 질병, 문제점
주요 의미 치료하다, 해결하다

- We can cure tuberculosis though it takes quite a long time.

  우리는 시간은 많이 걸리지만 결핵을 치료할 수 있다.

- Your mechanic says he has cured the symptom, but I can still hear the rattling noise in my car.

  당신네 기술자가 그 증상을 해결했다고 말하지만 여전히 그 털털대는 소음이 내 차에서 들린다.

③ cure + 식품
주요 의미 보존 처리하다

- This jerky has been well cured so we can enjoy it with a long duration.

  이 육포는 보존처리가 잘 되어서 오랜 섭취기간으로 즐길 수 있다.

④ cure(명사)

주요 의미 치유법, 치료제, 해결책, 치료

- The cure takes more than 2 weeks.
 치료는 2 주 이상이 걸립니다.

- First of all, you should counsel your doctor, not search for a cure.
 우선은 치료약을 찾지 말고 의사와 상담해야 한다

C 196 curl [k3:rl] [커어-ㄹ얼]

① curl + 머리칼
주요 의미 곱슬거리게 하다

- She had her hair curled and dyed in black.
  그녀는 머리를 말았고 검은색으로 염색했다.

② curl + 명사
주요 의미 둥글게 말다, 웅크리게 하다

- The child curled his legs up under him.
  그 아이는 다리를 당겨서 몸을 웅크렸다.

③ curl (자동사)
주요 의미 돌돌 말리다, 감기다

- The smoke curled upwards from the chimneys.
  굴뚝들로부터 연기가 말려서 올라왔다.

- I thought it was a cushion, which turned out to be a cat curling into a ball.
  나는 그것이 쿠션인줄 알았는데 몸을 말고 있는 고양이로 판명났다.

④ curl(명사)

주요 의미 고수머리, 동그랗게 말린 것

- My hair has a natural curl.
  내 머리칼은 원래가 곱슬이다.

- But make sure that it will not go out of curl so soon.
  머리칼이 금방 풀리지 않게 확실하게 해 주세요.

C 197 curse [k3:rs] [커-ㄹ-ㅅ]

① curse + 사람 + 저주

주요 의미 -에게 저주나 욕설을 하다

- Whenever he makes a little mistake, he curses himself bad words.

  그는 사소한 실수를 할 때마다 스스로에게 저주를 한다.

② curse + 명사

주요 의미 저주하다

- The baby was cursed by a witch and fell into a hundred year's sleep when she pricked her finger on a spinning wheel.

  그 아기는 마녀에게 저주를 받았고 물레에 손가락을 찔렸을 때 백년간의 잠에 빠져들었다.

③ curse(자동사)

주요 의미 욕하다

- When he ran out of the gas in the middle of a highway, he cursed loudly at everything.

  그가 고속도로 한 가운데서 기름이 다 떨어지자 그는 모든 것에 대고 욕을 했다.

④ **curse**(명사)

주요 의미 저주, 욕설, 악담, 골칫거리

- With some curses muttered at him, he stopped the car with his own blocking it.
  그에게 욕설이 중얼거려지자, 그는 자신의 차로 그 차를 막아서 세웠다.

- Noise is another curse of modern city life.
  소음은 또 다른 현대도시생활의 골칫거리이다.

C 198 curtail [kɜːrˈteɪl] [커어테일]

① curtail + 명사

주요 의미 절약하다, 줄이다, 생략하다, 삭감하다

- Our lesson has been curtailed by the civil defence drill.
  우리의 수업은 민방위훈련으로 단축되었다.

- We should curtail every expense including some benefits and privileges.
  우리는 일부 혜택이나 특권을 포함하여 모든 경비를 줄여야 한다.

② curtail A of B

주요 의미 A에게서 B를 줄이다

- Management is going to curtail workers of the subsidy for language education.
  경영진은 근로자에게서 언어교육보조금을 줄일 작정이다.

C 199 cut [kʌt] [컷]

① cut + 명사
주요 의미 베다, 자르다, 잘라내다, 분할하다, 깎다

- Remember to cut the fingernails very closely before the cooking class.
  요리수업 전에 손톱을 바싹 자르는 것을 기억하세요.

- I cut my finger on a broken glass.
  나는 깨진 잔에 손가락을 베었다.

- He cut 8 pieces of thick dough.
  그는 두툼한 반죽을 8조각 잘라냈다.

- Cut the apple in half.
  사과를 반으로 잘라라.

② cut + A + B
주요 의미 A에게 B를 잘라주다

- Will you cut each of us one piece of the cake?
  우리 각각에게 그 케이크를 한 조각씩 잘라주세요.

③ cut + 명사

주요 의미 깎아서 만들다, 재단하다

- I want my jacket to be cut by Mr. Taylor.
  나는 테일러씨가 내 재킷을 재단해주길 원한다.

- You need to cut a hole in the wood and crush some gunpowder in it.
  나무에 구멍을 하나 파고 그 속에 화약을 쑤셔 넣어라.

④ cut + 명사 + free

주요 의미 풀어서 놓아주다, 구해주다

- Cut me free before you go.
  가기 전에 나를 풀어 놓아주오.

⑤ cut + 명사

주요 의미 줄이다, 삭감하다, 삭제하다

- My salary has been cut by 5 percent for the time being.
  당분간 내 급여가 5 퍼센트 삭감 당했다.

⑥ cut + 행위

주요 의미 하고 있는 행위를 그만 두다, 수업 등을 빼먹다

- Please cut your talk on the phone and focus on the wheel.
  전화 좀 그만하고 운전에 집중해라.

⑦ cut + 관계

주요 의미 청산하다

- I will surely cut the relations with all my friends for the exam.
  나는 시험을 위해 내 모든 친구와의 관계를 확실히 끊겠다.

⑧ cut + 이빨

주요 의미 이가 나다

- My baby just cut the first two teeth.
  내 아기가 막 이빨이 두 개 났어요.

⑨ cut(자동사)

주요 의미 잘리다, 깎이다, 칼이 들다

- This stone cuts easily but my knife won't cut.
  이 돌은 잘 깎이는데 내 칼이 안 든다.

⑩ cut(명사)

주요 의미 상처, 베인 자국, 잘라낸 구멍, 삭감, 재단, 배당, 삭제, 잘라낸 몫

- He made few cuts from the editor's cut.
  그는 편집본에서 거의 삭제를 하지 않았다.

- What the hell do all the cuts and bruises mean?
  그 모든 베인 자국과 멍은 도대체 무엇을 의미하는 것인가?

- **How many cuts** do you want me to make in the cloth?
  이 천에 몇 개의 구멍을 내길 원합니까?

- **Price cuts** will soon be announced.
  가격인하가 곧 발표될 것이다.

C 200 cycle [ˈsaɪkl] [싸이컬]

① cycle + 명사
주요 의미 순환시키다

- In this way, water is cycled.
  이런 방식으로 물은 순환된다.

② cycle (자동사)
주요 의미 순환되다, 자전거를 타다

- He usually cycles around this park.
  그는 보통 이 공원 주변에서 자전거를 탄다.

- The history of human cycles.
  인간의 역사는 순환된다.

③ cycle (명사)
주요 의미 순환, 주기, 자전거

- Now your laundry is in rinse cycle.
  당신의 세탁물은 지금 헹굼주기에 있습니다.

- Why don't we go for a cycle ride in the plaza?
  그 광장에서 자전거 타러 가는 것이 어때?

- Considering your **life cycle**, you are advised to take a part time job.

  당신의 **생활주기**를 고려해보건대 부업을 택하는 것이 좋겠습니다.

- You can't ask her out, she is in her **moon cycle**.

  그녀를 불러내지 마라, 그녀는 지금 **생리**중이다.

04

D

001	dabble	326	018	deck	355	035	degenerate	373
002	damage	327	019	declare	356	036	degrade	375
003	damn	328	020	decline	357	037	delegate	376
004	damp	330	021	decorate	359	038	deliberate	377
005	dance	332	022	decrease	360	039	delight	379
006	dangle	334	023	decree	361	040	deliver	381
007	dare	336	024	dedicate	362	041	delude	382
008	dash	338	025	deduce	363	042	delve	383
009	date	341	026	decoy	364	043	demean	384
010	daub	344	027	deduct	365	044	demonstrate	385
011	dawn	345	028	deem	366	045	demoralize	387
012	dazzle	347	029	defeat	367	046	denote	388
013	deal	348	030	defect	368	047	denounce	389
014	debauch	350	031	defend	369	048	depart	390
015	decay	351	032	defer	370	049	depend	391
016	deceive	352	033	define	371	050	depict	393
017	decide	353	034	defy	372			

D 201 dabble ['dæbl] [대블]

① dabble + 손, 발 (+ in water)
주요 의미 물속에서 첨벙대다

- I remember dabbling my toes in the pond on a day of May.
  오월 어떤 날 이 연못에서 발가락을 담그고 첨벙대던 기억이 난다.

② dabble + in / at / with + 취미, 오락, 스포츠
주요 의미 조금 해보다, 잠시 담그다

- Once you dabble in politics, you will never get back to us.
  일단 정치에 발을 담그면 다시는 우리에게 돌아올 수 없다.

- He ended up dabbling in gambling, only to go bankrupt.
  그는 결국 도박에 손을 댔다가 파산 나고 말았다.

- I want to dabble in as many things as I can until I find a right one for me.
  나는 적합한 것을 찾을 때까지 가능한 많은 일에 손대보길 원한다.

D 202 damage ['dæmɪdʒ] [대미잇쥐]

① damage + 명사
주요 의미 손상을 입히다

- My honor has **been damaged** by the allegation that I took bribes.

  내가 뇌물을 받았다는 그 주장에 의해 내 명예가 손상당했다.

- Yelling at her husband too loudly **damaged her vocal cord**.

  그녀의 남편에게 너무 크게 고함을 질러대는 것이 그녀의 성대를 손상시켰다.

② damage(명사)
주요 의미 손상, 악영향, 복수로 배상금

- **The damages** ordered to pay amount to my annual income.

  지불하라는 배상금이 나의 연봉에 이른다.

- Failure to stop the disease from spreading so fast caused **serious damage** to Korea's image.

  그 질병이 빠르게 확산되는 것을 막지 못한 것이 한국의 이미지에 심각한 악영향을 끼쳤다.

- **No damage** from the blackout has been reported so far.

  지금까지 어떤 정전피해도 보고된 바 없다.

D 203 damn [dæm] [대이엄]

① damn + 명사
주요 의미 저주 받게 하다, 하나님이 지옥에 떨어뜨리다

- Damn you. I'll beat the shit out of you if you touch my boy again.
  빌어먹을 놈. 내 아들을 다시 건드리면 피똥 싸게 패주겠다.

- What the hell is wrong with the engine? Damn this motorcycle.
  엔진이 도대체 무슨 문제인것이지? 빌어먹을 모터싸이클!

② damn + 명사
주요 의미 혹평하다

- The final edition was first damned by the critics and some movie fans alike,
  최종 편집본은 비평가들과 일부 팬들에 의해서 처음에는 혹평을 받았다.

③ damn(형용사) + 명사
주요 의미 빌어먹을, 염병할, 우라질, 젠장할

- Is this any of your damn business?
  이것이 조금이라도 너의 빌어먹을 일이라고 생각하냐?

- After all, he is a damn racist, pretending to be an angel.
  결국 그는 천사를 가장한 빌어먹을 인종주의자이지.

④ damn(부사) + 형용사, 부사
주요 의미 매우(불만에 가까운 의미)

- You too are so damn stupid making him mad.
  너 역시 그를 화나게 만드는 매우 멍청이야.

- He knows damn well that I don't want him to be involved.
  그는 내가 그에게 관여하지 않기를 바란다는 사실을 매우 잘 알고 있다.

- Damn hot today. We are being scorched.
  오늘 정말 열나게 덥다. 거의 불에 그슬리는 느낌이다.

⑤ damn(감탄사) (혹은 God damn)
주요 의미 빌어먹을, 제기랄

- Damn, a patrol car is making a round.
  빌어먹을, 순찰차가 돌고 있는 중이군

D 204 damp [dæmp] [댐-ㅍ]

① damp + 명사
주요 의미 적시다

- I tended him, damping a towel and putting it on his forehead.
  나는 수건을 적셔서 그의 머리 위에 올려놓으면서 그를 보살폈다.

- Fire fighters tried to damp down the flame.
  소방수들이 불길의 기세를 꺾으려 애썼다.

② damp (형용사)
주요 의미 눅눅한, 축축한

- The basement floor smelled damp and musty.
  지하층은 축축하고 퀴퀴한 냄새가 났다.

- Do not use any damp cloth on it until it becomes completely dried.
  그것이 완전히 마를 때까지는 그 위에 축축한 헝겊을 사용하지 마세요.

③ damp(명사)

주요 의미 눅눅한 상태, 습기로 인한 얼룩

- I can see damp on the wall paper, which may result from leakage.

  나는 벽지 위에서 습기자국을 볼 수 있는데 누수로 인한 결과로 보인다.

- She cast a damp over the conversation when she asked for money from me.

  그녀가 나에게 돈을 요구했을 때 그녀는 대화에 찬물을 끼얹었다.

D 205 dance [dæns] [대앤쓰]

① dance + 명사
주요 의미 명사에 해당하는 춤을 추다

- Those who come to this social club can **dance the tango**.
  이 사교 클럽에 오는 사람들은 탱고를 출 수 있다.

- If you **dance a little faster dance**, you will burn more calories.
  당신이 좀 더 빠른 춤을 춘다면 더 많은 열량을 태울 것이다.

- I just **danced the night away** and came back an early bird to my place.
  나는 밤새 춤을 추고 일찍 일어난 새처럼 내 집으로 돌아왔다.

② dance(자동사)
주요 의미 춤추다, 춤추듯 움직이다

- I want to **dance to your music** with Joan.
  나는 당신의 음악에 맞추어 Joan과 춤추고 싶다.

- **The bee danced** before my eyes as if she wanted to tell me something.
  그 벌은 마치 무슨 말을 하고 싶다는 듯이 내 눈앞에서 이리 저리 움직였다.

③ dance(명사)

주요 의미 무용, 춤, 춤곡, 춤을 추는 사교모임

- Will you have a dance to warm your body?
  몸을 덥히기 위해 춤을 추시겠어요?

- They said they would throw a dance for house warming.
  그들은 집들이를 위해 춤파티를 열 것이라고 말했다.

D 206 dangle ['dæŋgl] [댕글]

① dangle + 명사
주요 의미 매달아서 흔들다

- My dog wouldn't move even though I dangled his favorite bone before his eyes.

  나의 개는 눈앞에 가장 좋아하는 뼈다귀를 매달아 흔들었어도 움직이려 하지 않았다.

- An echo bounced back every time the sound waves were released and it was picked up by a microphone which was dangled deep underwater from a ship.

  음파가 방출될 때마다 메아리가 반사되어 왔으며 그것은 배로부터 수면아래도 깊게 매달려 있었던 마이크에 의해 수집되었다.

② dangle(자동사)
주요 의미 매달리다

- The jewelry dangling from their noses was pure gold.

  그들의 코에서 매달려 흔들리는 그 장신구는 순금이었다.

- The icicles dangling from the eaves look very threatening.

  처마로부터 매달린 고드름들이 매우 위협적으로 보인다.

③ dangle after

주요 의미 귀찮게 매달려서 쫓아 다니다

- Are you out of your mind, just dangling after woman after woman?

  여자나 계속 쫓아 다니는 당신 정신 나간 것 아닌가?

④ dangle(명사)

주요 의미 대롱대롱 매달려 있는 상태 혹은 물건

- There was a strange looking dangle over the window.

  창문 위에 이상한 물체가 매달려 있었다.

D 207 dare [der] [대어-ㄹ]

① dare + 명사

주요 의미 과감히 맞서다

- I will **dare his anger or yell** if I think I am right.
  내가 옳다는 생각이라면 그의 **분노나 고함은 과감히 맞서**겠다.

② dare + 명사 + to VR

주요 의미 -에게 해보라고 충동질하다

- He **dared me to touch him** if I really wanted to have a showdown.
  진짜 내가 마지막 결과를 보고 싶다면 감히 **그를 건드려 보라고** 그는 **나에게 충동질했다**.

③ dare + (to) VR

주요 의미 과감하게 -하다

- I **didn't dare tell** him I wanted to quit since he had cared about my problems.
  그가 나의 문제들에 대해 신경을 써주었기 때문에 그에게 그만두고 싶다고 **감히 말할 수 없었다**.

④ dare(조동사) (주로 부정문이나 의문문 또는 가정법에서)

주요 의미 감히 ~ 하다

- He **dare not leave the job**, because he has to keep his family going on.

  그는 가족을 계속 꾸려나가야 하므로 감히 그 일을 그만둘 수 없다.

- If he **dare fight against injustice**, he can join us right now.

  그가 불의와 감히 맞서 싸울 수 있으면 우리와 당장 함께 할 수 있다.

⑤ dare(자동사)

주요 의미 뒤에 목적어 부분을 생략하고 주로 동사만으로 의미를 전달할 때

- I **wouldn't dare**.

  나라면 감히 못해.

- Can I take the wheel of daddy's car? **Don't you dare**.

  아빠의 자동차를 몰아도 되나요? 꿈 깨라.

⑥ dare(명사)

주요 의미 도전

- I will **accept your dare** but she would decline the dare.

  나는 너의 도전을 받아들일 것이지만 그녀라면 응하지 못할 것이다.

D 208 dash [dæʃ] [대애쉬]

① dash + 명사
주요 의미 던져서 깨다, 액체 등을 끼얹다, 섞다, 낙담시키다

- My father announcement **dashed my hope** of being an artist.
  아버지의 발표는 미술가가 되려는 나의 희망을 꺾었다.

- He **dashed the dish** onto the floor into pieces.
  그는 접시를 바닥에 던져 산산조각 나게 했다.

- The violent waves **dashed the boat against** the rock.
  그 사나운 파도가 그 작은 배를 바위에 부딪치게 했다.

- The angry philanthropist **dashed his tea** over the face of the inspector.
  화난 독지가는 자신의 차를 그 수사관의 얼굴에 끼얹었다.

- I don't like my liquor **dashed with water**.
  나는 내 술에 물을 섞는 것을 싫어한다.

② dash + 사람
주요 의미 무안하게 하다

- The donor **was dashed** for a while when they refused to accept his offer.
  그 기증자는 그들이 자신의 제안을 수락하지 않았을 때 한동안 무안했다.

③ dash + 명사 + aside / away
주요 의미 빠르게 치우다, 없애다

- He tried to dash the residue of the smoke away even though anyone could smell it.

  누구라도 냄새를 맡을 수 있었음에도 불구하고 그는 연기의 잔재를 빠르게 없애려 애썼다.

④ dash(자동사) + into / against / upon
주요 의미 세게 충돌하다, 급히 움직이다, 서두르다

- Do not be eager to dash off from my class until I say class dismissed.

  내가 수업끝이라고 말할 때까지 수업에서 서둘러 나가려고 열 내지 말라.

- The car dashed into an electric pole before it was finally stopped.

  그 자동차는 최종적으로 제지당하기 전에 전신주를 들이 받았다.

- The lift is not working so you bad better dash up the stairs.

  승강기가 작동하지 않으니 당신은 서둘러 계단을 올라가는 것이 좋겠다.

⑤ dash(명사)
주요 의미 충돌, 충돌하는 소리, 돌진, 강한 기운, 소량, 단거리 경주, 모르스 부호에서 장음, 자동차 등의 계기판

- The dash of the dishes on the floor attracted everybody's attention.

  바닥에 접시 부딪치는 소리가 모든 이들의 주목을 끌었다.

- Before you start to ferment the dough, you should put **a dash of salt and yeast** in it.

  그 반죽을 발효시키기 전에 약간의 소금과 효모를 첨가해야 한다.

- I **still have the dash to** go for more holes on the golf course.

  나는 더 많은 홀을 경기할 기운이 남아 있다.

- Put the ticket on your **dash board** so that they can easily recognize it.

  영수증을 계기반위에 올려놓아서 그들이 쉽게 알아볼 수 있게 하세요.

- He **made a dash for** the exit feeling the building shake.

  그는 건물이 떨리는 것을 느껴서 비상구로 돌진했다.

- Bolt set world records in the **100, 200 and 400 meter dash**.

  볼트는 100, 200, 400 미터 경주에서 세계 기록을 세웠다.

- This unit is designed to translate your breaths into the codes of **dots and dashes**.

  이 장치는 당신의 호흡을 점이나 선이라는 암호로 바꾸도록 고안되었습니다.

D 209 date [dæt] [데잇-트]

① date + 날짜
주요 의미 날짜를 기입하다

- Will you date 7th of May on the bottom of the document?
  문서의 하단에 5월 7일이라고 기입해주세요.

② date + 명사 + 날짜
주요 의미 -을 언제의 날짜로 기록하다

- The coin is dated 13 B.C..
  그 주화는 기원전 13년으로 연도가 기록되어 있다.

③ date + 명사 + at / in / from
주요 의미 제작시기를 언제로 추정하다

- If the vase is dated in the 1500s, the price of it is beyond my capability.
  만약 그 화병이 1500년대의 것으로 추정된다면 그 가격은 내 능력 밖의 것이다.

④ 제조물, 전통, 제도 등의 주어 + date(자동사) + from / to / on / in / at

주요 의미 날짜가 찍혀 있다, 시기에 속하다, 언제 기원하다

- The tradition of circling dance with hand in hand dates back to the 16th century.

  그 손을 잡고 원을 그리며 추는 춤의 전통은 16세기로 거슬러 올라간다.

- Early marriages date from this time when the invaders asked for maidens.

  조혼은 침략자들이 처녀들을 요구하던 이 시기부터 유래한다.

⑤ 사람주어 + date (with) + 사람

주요 의미 누구와 이성간에 교제를 하다

- She is the right one for me to date with if I can afford to.

  그녀는 내가 그럴 여유가 있다면 교제할 적격이다.

⑥ date(명사)

주요 의미 날짜, 제조시기, 연대, 시대, 만날 약속, 이성교제, 교제상대

- Can I bring my date to your birthday party?

  너의 생일 파티에 내 교제상대를 데리고 가도 되니?

- I am sorry I have a date with her.

  미안하지만 그녀와 만날 약속이 있다.

- I was impressed with the ruins of Roman date when I visited Pompei.

  내가 폼페이를 방문했을 때 나는 로마시대의 폐허에 인상을 강하게 받았다.

- You have to fill in the space for date of birth.

  태어난 시기에 관한 공간을 기입해야 합니다.

- What is the date today?

  오늘 날짜가 며칠입니까?

- The last letter to her was without a date.

  그녀에게 보내는 마지막 편지는 날짜가 없었다.

D 210 daub [dɔːb] [더읍]

① daub + 명사
주요 의미 벽 등을 바르다, 칠하다, 더럽히다

- Every house in the village **is daubed** with anti-power-plant slogans.

  마을의 모든 집이 발전소반대 구호로 칠해져 있다.

② daub(명사)
주요 의미 얼룩, 칠해진 물건, 도료, 회반죽

- In the domestic architecture we would easily find the walls made of **wattle and daub**.

  그런 가옥용 건물에서 우리는 엮은 가지와 회반죽으로 만들어진 담장을 쉽게 발견할 것이다.

- Wet **clay daub** was then smeared onto the wattles, filling in the gaps.

  젖은 진흙 반죽이 엮은 가지사이로 스며들면서 공간을 메웠다.

D 211 dawn [dɔːn] [더언]

① 시간대 주어 (morning, age, the new day...) + dawn
주요 의미 시작되다, 밝아오다

- The new day is dawning.
  또 하루가 밝아오고 있다.

- The era of new technology has been dawning.
  새로운 기술의 시대가 열리고 있다.

② 사실, 정보 (truth, idea...) + dawn
주요 의미 분명해지다

- The fact that he was a spy simply dawned upon me.
  그가 첩자였다는 사실이 나에게 분명해졌다.

③ it dawn on 사람 + that 절
주요 의미 어떤 사실이 점점 명백해지다

- It finally dawned on him that she did not want him around.
  그녀가 그를 싫어한다는 사실이 그에게 점점 명백해졌다.

④ **dawn**(명사)

주요 의미 새벽, 시작, 최초의 조짐, 갑작스런 이해나 인식

- What should we do at the dawn of a new era?
  새 시대의 여명기에 우리는 무엇을 해야 하는가?

D 212 dazzle ['dæzl] [대절]

① dazzle + 사람

주요 의미 눈을 부시게 하다, 압도하다, 혼란시키다, 현혹시키다, 판단력을 흐리게 하다

- She **was dazzled** with all the beautiful promises that he made.

  그녀는 그가 한 모든 아름다운 약속들로 현혹되었다.

- It was a close call with the headlights of the other car **dazzling my eyes**.

  상대방 차의 전조등이 나의 눈을 부시게 하는 위급상황이었다.

- The **dazzling** 10,000-ton fireball unleashed nearly 500 kilotons of energy throughout Russia's Ural Mountains region.

  눈부신 만 톤의 불덩이가 러시아의 우랄산맥지역전역에 거의 500킬로톤에 달하는 에너지를 방출했다.

② dazzle (명사)

주요 의미 눈부심, 눈부신 빛

- I was always happy when I saw **the dazzle of her smile**.

  나는 그녀의 밝은 미소를 보면 늘 행복했다.

D 213 deal [di:l] [디얼]

① deal with

주요 의미 다루다, 취급하다, 조치를 취하다

- Don't worry. I can **deal with** your matter.
  걱정 마세요. 내가 당신의 문제를 처리할 수 있습니다.

- This is how he has **been dealing with her**.
  이것이 그가 그녀를 다루어온 방식이다.

- His thesis **deals with** human technology which can help terminal patients die in peace.
  그의 논문은 말기의 환자들이 평화롭게 죽도록 도와주는 인간적 기술을 다루고 있다.

② deal in

주요 의미 거래하다, 종사하다

- Don't you ever dream of **dealing in illegal drugs** in this community.
  이 동네에서는 마약 거래를 할 꿈도 꾸지 마라.

③ deal

주요 의미 카드를 돌리다

- I am tired of **dealing**. I am out.
  나는 패를 돌리는 것에 지쳤다. 그만 하겠다.

④ deal + A + B

주요의미 A에게 B를 나주어 주다

- You are require to deal them all your helping hand.
  당신은 그들 모두에게 도움의 손길을 나누어주어야 한다.

- He mistakenly dealt me one more card.
  그는 실수로 나에게 카드 한 장을 더 돌렸다.

⑤ deal(명사)

주요의미 거래, 계약, 대우, 취급, 일, 정책, 분배

- The New Deal at that time contributed a lot to rejuvenating American economy.
  그 당시 뉴딜 정책은 미국 경제를 회춘시키는데 큰 기여를 했다.

- It is not a big deal. Leave it to me.
  대단한 일도 아니다. 나에게 맡겨라.

- A deal? Yes. It is a done deal.
  거래 성사된 것이냐? 그렇다.

- All I am asking is to give me a fair deal.
  내가 요구하는 모든 것은 공정한 대우를 나에게 달라는 것이다.

- Furthermore SK affiliates never entered competitive bids, and simply accepted various deals.
  게다가 SK의 계열사들은 결코 경쟁입찰에 뛰어들지 않고 단지 다양한 거래 계획을 받아들였다.

D 214 debauch [dibɔ́ːtʃ] [디버엇치]

① debauch + 사람
주요 의미 타락시키다, 손상시키다

- There is no subtler, no surer means of overturning the existing basis of society than to debauch the currency.
  통화의 가치를 손상시키는 것 보다 더 섬세하고 더 확실하게 사회의 근간을 뒤집는 수단은 없다.

- You are responsible for debauching her and her life.
  당신이 그녀와 그녀의 삶을 타락하게 만든 책임이 있다.

② debauch(명사)
주요 의미 타락, 주색잡기, 무절제, 방탕

- In the doldrums, he joined a crowd of drinking pals in a frequent "debauch".
  권태 속에서 그는 빈번한 무절제함으로 술친구들과 함께 했다.

D 215 decay [drˈkeɪ] [디케이]

① decay (자동사)

주요 의미 썩다, 상하다, 쇠퇴하다, 시들다, 타락하다

- The latest figures prove that the nation's job market is decaying and has a large number of rotting brainpower on the sidelines.

  최근의 수치들은 한국의 취업시장이 쇠퇴하고 있으며 주변부에서 썩어가는 인재들의 수가 많다는 것을 입증하고 있다.

② decay + 목적어

주요 의미 썩게 하다, 쇠퇴시키다

- It will decay your teeth if you keep on eating sweets before you sleep.

  자기 전에 단것을 계속 먹는 다면 당신의 이빨이 썩을 것이다.

③ decay (명사)

주요 의미 부패, 쇠퇴, 붕괴

- Yet these will prove to be hardships worth enduring to set examples for other countries to follow and save the Earth from further decay.

  그러나 이런 것들은 다른 나라들이 따를 수 있는 모범들을 만들고 더 큰 붕괴로부터 지구를 구하기 위해 인내할 가치가 있는 고난으로 증명될 것이다.

D 216 deceive [dɪˈsiːv] [디씨입-v]

① deceive + 사람 (into doing something)

주요 의미 기만하다, 속여서 -하게 만들다

- Using a uniform to assume someone's occupation creates opportunities for deceiving people.

  타인의 직업을 추정하도록 제복을 입는 것은 사람들을 기만할 기회를 만들어 냅니다.

- One of the world's largest cigarette firms, is being accused by the anti-smoking lobby of attempting to deceive smokers into believing that they can improve their chances of having children if they take vitamin supplements.

  세계에서 가장 큰 담배회사 중 하나가 흡연자들이 비타민보충제를 먹으면 아이를 낳을 확률을 개선시킬 수 있다고 믿도록 기만하려 했다는 혐의로 흡연 반대자들에 의해 기소당하고 있는 중이다.

- She was deceived by his shabby appearance so she treated him coldly.

  그녀는 그의 초라한 행색에 의해 현혹되어 그를 냉대했다.

- Politicians often deceive us into voting for them.

  정치인들은 거짓말로 우리를 자신에게 투표하게 만든다.

D 217 decide [dɪˈsaɪd]
[디싸잇-ㄷ]

① decide + 명사
주요 의미 결말짓다

- Her birdie on the first playoff decided the game.
  연장전 첫 번째 그녀의 버디가 승부를 결말지었다.

② decide + to VR / wh- to VR
주요 의미 -하기로 결정하다, 다짐하다

- Please decide to be faithful to me and never let me down.
  나에게 충성하기로 다짐하고 나를 절대 실망시키지 마라.

- Deciding when to go to bed and how to have a good sleep is very important.
  잠자리에 언제 들지 그리고 어떻게 숙면을 유지할지 결정하는 것은 중요하다.

③ decide + wh- 절
주요 의미 결정하다

- I haven't decided which finger I should wear the ring on.
  나는 어떤 손가락에 그 반지를 착용할지 결정하지 않았다.

- Can you decide who deserves the grand prize?
  누가 대상을 받을 자격이 있는지 결정할 수 있습니까?

④ decide + that 절

주요 의미 결론짓다, 판결하다

- They decided that I was an ex-convict.
  그들은 내가 전과자라고 결론지었다.

- The judge decided that the offender be fined 1,000 dollars.
  판사는 그 범법자가 천 달러의 벌금을 부과받아야 한다고 판결했다.

⑤ decide + 명사 + to VR

주요 의미 -에게 -하도록 결심시키다

- Which factor can decide you to have a certain job.
  어떤 요소가 당신에게 어떤 직업을 가질지 결심시킬 수 있는가?

⑥ decide + on(upon) + 목적어

주요 의미 -하기로, -에 관한 결정을 내리다

- We decided on the time and venue of the ceremony.
  우리는 그 행사의 시간과 장소에 대해 결정했다.

D 218 deck [dek] [데엑]

① deck + 명사

주요 의미 장식하다, 치장하다, 갑판을 깔다

- We all **decked ourselves** out for Eva's wedding.
  우리 모두는 Eva의 결혼을 위해 치장했다.

② deck (명사)

주요 의미 갑판, 바닥, 깔판, 카드의 한 벌

- The one floor contains arrivals, departures and **a viewing deck**.
  그 한 개의 층은 도착, 출국 그리고 전망데크까지 다 가지고 있다.

- The high ranking officers positioned in **the upper decks** had a higher survival rate.
  상층부 갑판에 배치된 고위급장교들은 높은 생존율을 보였다.

- Consisting of 52 cards, **a deck** contains four suits: red hearts, black clubs, red diamonds, and black spades.
  52장으로 구성된 한 벌의 카드는 붉은 색의 하트, 검정색의 클로버, 붉은 색의 다이아몬드, 그리고 검정색의 스패이드인 4세트를 가지고 있다.

D 219 declare [dɪˈklɛr] [디클레어-ㄹ]

① declare + 명사 + 보어
주요 의미 -를 -라고 선언하다, 신고하다

- But the French appellate court declared her innocent, in 1456.
  그러나 프랑스의 항소심법원은 1456년에 그녀를 무죄로 선언했다.

- Do you have anything to declare such as produce or jewelry?
  보석이나 농산물과 같은 신고할 품목이 있습니까?

② declare + A (to be, as) B
주요 의미 A를 B로 선언하다

- Oklahoma was the last U.S. state to declare Christmas a legal holiday in 1907.
  오클라호마는 1907년에 크리스마스를 법적 공휴일로 선언한 미국의 마지막 주였다.

③ declare + that 절
주요 의미 선언하다, 신고하다

- We now declare that Korea is a sovereign country.
  우리는 한국이 자주국임을 지금 선언한다.

D 220 decline [dɪˈklaɪn] [디클라인]

① decline + 명사 / to VR

주요 의미 거절하다, 아래로 기울이다

- However, Orser had declined the offer because Orser's first consideration was always Kim Yu-na.

  그러나 Orser 감독은 김연아가 늘 첫 고려대상이었기 때문에 그 제안을 거절했다.

- He declined to accept the offer just because he did not like the idea of working alone.

  그는 혼자 일한다는 생각을 싫어했기 때문에 그 제안을 수락할 것을 거절했다.

② decline(자동사)

주요 의미 아래로 구부러지다, 내리막이 되다, 끝에 가까워지다, 쇠퇴하다

- The overall scholastic standards improved at elementary schools, while school violence declined.

  초등학교에서 전체적인 학력수준은 개선되었고 학교폭력은 감소했다.

- But it has begun to decline due to coastal development and global warming.

  그러나 해안개발과 지구온난화 때문에 그것은 줄어들기 시작했다.

③ **decline**(명사)

주요 의미 내리막 경사, 쇠퇴, 기울어짐, 종말

- As a result, many Arctic species are undergoing **population decline**.
그 결과 많은 북극의 종들이 개체수의 감소를 겪고 있는 중이다.

- **At the decline of the day**, the long-awaited result came out.
하루가 저물어 갈 무렵 오래 기다린 결과가 나왔다.

① decorate + 명사

주요 의미 장식하다, 훈장을 수여하다

- Many families decorated their houses with pumpkins and other Halloween-themed stuff.

  많은 가족들이 그들의 집을 호박과 다른 할로윈 테마 물품으로 장식했다.

- Decorating the house can make your Christmas more special and fun.

  집을 장식하는 것은 당신의 성탄절을 더 특별하고 재미있게 만들 수 있다.

D 222 decrease [dɪˈkriːs] [디크리-ㅈ]

① decrease + 명사
주요 의미 줄이다, 감소시키다

- The company finally decided to decrease the number of workers.
  그 회사는 마침내 노동자들의 숫자를 감소시키기로 결정했다.

② decrease (자동사)
주요 의미 줄어들다, 감소되다

- Ironically, expenses for supporting students from low-income families have decreased.
  역설적으로 저소득층 학생들을 후원하는 비용은 감소했다.

③ decrease (명사)
주요 의미 감소, 감퇴

- There has been a steady decrease in the crime rate in this community.
  이 동네에서 범죄율의 꾸준한 감소가 있었다.

D 223 decree [dɪˈkriː]
[디크리이]

① decree + 명사
주요 의미 선언하다, 정하다, 명령하다

- Mubarak refused to dissolve martial law which was decreed when Sadat was killed.

  무바라크는 사다트가 살해되었을 때 선포된 계엄법을 없애기를 거부했다.

② decree + that 절
주요 의미 선언하다

- President decreed that there be no more tax increase within next 2 years.

  대통령은 다음 2년 이내에 세금인상은 없을 것이라고 명했다.

③ decree (명사)
주요 의미 명령, 포고, 선언, 판결

- There are laws and decrees with which police can control riotous demonstrations.

  경찰이 폭력적 시위를 통제할 수 있는 법과 명령들이 있다.

D 224 dedicate ['dedɪkeɪt]
[데디케잇-ㅌ]

① dedicate + A (to B)

주요 의미 A를 (B에) 바치다, 봉헌하다

- William Linton arrived in Korea in 1912 to dedicate his life to helping Koreans.

  윌리엄 린턴은 그의 일생을 한국인들을 돕는데 바치기 위해 1912년 한국에 도착했다.

- This is because the city has dedicated itself to progressive green technology and transportation.

  이것은 왜냐하면 그 도시가 진보적 녹색기술과 친환경적 수송에 자신을 바쳤기 때문입니다.

- The ex-terminator and governor who is known for his charming, or perhaps annoying, accent celebrated the opening of a museum dedicated to his good name.

  영화 터미네이터 주연이자 주지사는 그의 매력적인 혹은 성가신 독일 사투리로 유명한데 그의 명성에 바쳐진 박물관의 개장을 기념했다.

D 225 deduce [dɪˈduːs] [디듀우쓰]

① deduce + 명사

주요 의미 이미 알려진 사실로 무엇을 추정, 연역하다

- What can be deduced from this vaguely worded understanding, however, is that China has not dropped its brazen claim that Goguryeo was part of its history.

  이 애매하게 표현된 합의에서 추론될 수 있는 것은 중국이 고구려를 자신의 일부 역사라고 하는 왜곡된 주장을 그만두지 않았다는 것이다.

② deduce + that 절

주요 의미 추정, 연역하다

The police deduced that the murder happened between 3 A.M. and 6 A.M.

경찰은 그 살인 사건이 오전 3시에서 6시 사이에 일어난 것으로 추정했다.

D 226 decoy ['diːkɔɪ] [디이코이]

① decoy + 명사
주요 의미 유인하다, 꾀어내다

- It sounds like a better idea to decoy the enemy troops into an ambush.

  적군을 매복지점으로 꾀어내는 것이 더 좋은 생각으로 들린다.

② decoy (명사)
주요 의미 유인책, 바람잡이, 교란물, 미끼

- Duck hunters are known to use decoys to attract ducks to a particular spot.

  오리 사냥꾼들은 오리들을 특정 장소로 끌어들이기 위해 유인책을 사용하는 것으로 알려진다.

- You see, at the time I was developing software for an Australian decoy rocket.

  알다시피 그 때 나는 호주의 교란용 로켓을 위한 소프트웨어를 개발 중이었다.

- Korea's "Yangteul" is a device where logs are put on top of the fences to trap animals attracted by a decoy.

  한국의 양틀은 미끼에 유혹된 동물들을 덫에 가두기 위해 울타리 위에 통나무가 놓여진 장치이다.

D 227 deduct [dɪˈdʌkt] [디덕-트]

① deduct + 명사

주요 의미 공제하다, 추론하다

- Any charge made on a bank's debit card is automatically deducted from the account.
  은행 신용카드에서 이루어진 청구는 자동으로 계좌에서 공제된다.

- The ongoing moves to cut the minimum wage for workers 60 years or older by the government and ruling party are more than just disappointing in this regard. The Labor Ministry's oxymoronic plan for ""improving"" the minimum wage system also calls for extending the probationary period to pay below minimal-level wages to new employees from three to six months and deducting expenses for board and lodging from foreign workers' minimum wages.
  정부와 여당에 의해 60세 이상의 근로자를 위한 최저임금을 삭감하려는 현행조치들은 이런 점에서 단순한 실망이상의 것이다. 노동부의 반어적인 최저임금제 개선계획은 또한 신규근로자에게 최저임금이하를 주는 수습기간 3개월에서 6개월로 늘릴 것을 요구하며 외국인 근로자의 최저임금에서 숙식비를 공제할 것도 요구한다.

D 228 deem [diːm] [디임]

① deem + 명사 + (to be) + 보어
주요 의미 -를 -로 간주하다

- The Ministry of Gender Equality and Family deemed the video harmful to teenagers.

  여성가족부는 그 영상을 십대들에게 해로운 것으로 간주했다.

- The current military service law states that a person with nine molars missing is deemed unfit for service.

  현재의 병역법은 어금니 9개가 없는 사람은 병역에 부적합한 것으로 간주된다고 말한다.

② deem that 절
주요 의미 -라고 생각하다

- We deem that he is well paid.

  우리는 그가 수당을 많이 받는다고 생각한다.

③ deem highly of
주요 의미 높게 평가하다

- They deemed highly of his courage when he faced the cruel truth.

  그들은 그가 냉혹한 진실에 직면했을 때 그의 용기를 높게 평가했다.

D 229 defeat [drˈfiːt] [디피잇-ㅌ]

① defeat + 명사

주요 의미 패배시키다, 좌절시키다, 이기다

- While the Giants defeated the Eagles 4-1, the Wyverns defeated the Tigers 6-2.

  자이언츠가 이글즈를 4대 1로 이긴 반면 와이번즈는 타이거즈를 6대2로 이겼다.

- Germany finally defeated Argentina, one of the best teams in the world.

  독일은 마침내 세계 최강팀들 중 하나인 아르헨티나를 무찔렀다.

② defeat(명사)

주요 의미 타도, 패배, 좌절, 실패

- After several defeats, they have found a proper way to gain success.

  여러 번 좌절 후에 그들은 성공을 얻을 올바른 방법을 발견했다.

D 230 defect ['diːfekt ; dɪˈfekt] [디펙-트]

① defect + 명사
주요 의미 버리다, 도망치다, 이탈하다, 망명하다

- He defected his own country for a better life.
  그는 더 나은 삶을 위해 조국을 버렸다.

② defect (from, to)
주요 의미 -에서 이탈하다

- Those who defect in pursuit of better social welfare, economic betterment, or other factors, which do not contravene one's human rights, should not be granted refugee status.
  더 나은 사회적 복지, 경제적 향상, 혹은 인권에 반하지 않는 다른 요소들을 추구하려 탈출한 사람들에게는 난민지위가 수여되어서는 안 된다.

③ defect (명사)
주요 의미 결점, 결핍

- They usually survive only for a few days because they are born with an innate defect.
  그들은 선천적 결함을 가지고 태어나기 때문에 불과 며칠을 살다 죽는다.

D 231 defend [dɪˈfend]
[디펜-ㄷ]

① defend + 명사

주요 의미 방어하다, 변호하다

- We will **defend our people** and uphold our values through strength of arms and rule of law.

  우리는 군대의 힘과 법치로 **자국민들을 지키고** 우리의 가치를 수호할 것이다.

- Debaters use personal attacks when they cannot **defend their positions** with facts and evidence.

  토론자들은 사실과 증거로 **그들의 입장을 방어할** 수 없을 때 인신공격을 이용한다.

232 defer [dɪˈfɜː(r)] [디퍼어-ㄹ]

① defer + 명사
주요 의미 뒤로 미루다, 연기하다

- Parliament had already deferred the handling of the bill twice last year in the face of harsh labor opposition.

  국회는 거센 노동계의 반발에 직면하여 그 법안의 처리를 지난 해에 두 번이나 이미 연기했었다.

- Korea recently deferred the timing of the surplus of the central government`s management account ratio to GDP to 2014 to tackle the domestic economic slowdown due to the Euro-zone crisis.

  한국은 유로존의 위기로 인한 국내 경기 침체에 대응하기 위해 국내총생산 대비 중앙정부의 경영수지비율의 흑자운영시기를 2014년으로 최근 연기했다.

② defer to + 명사
주요 의미 양보하다, 존중하다

- We have no intention of deferring to you on this matter.

  우리는 이 문제에 관해서 당신에게 양보할 의도가 없다.

- I have to defer to my boss on important decisions.

  나는 중요한 결정에 관해서는 나의 상사에게 양보한다.

D 233 define [dɪˈfaɪn] [디퐈인]

① define + 명사
주요 의미 정의하다, 한정하다, 명시하다, 윤곽을 분명히 만들다

- Its aim is to define relations between quantities and between figures, using digits, symbols, theories, and theorems.

  그것의 목적은 수치들, 상징들, 이론들 그리고 정리들을 이용하여 도형들과 숫자들 사이의 관계를 정의하는 것이다.

- Street food is loosely defined as any food or drink that is cheap, quickly prepared, and sold on street carts, at portable stalls, or from food trucks in public places.

  길거리음식은 저렴하고 빨리 준비되고 길거리의 수레 위나 이동식좌판들에서 혹은 공공장소의 음식용차량들로부터 팔리는 음식이나 음료로 대략 정의된다.

D 234 defy [dɪˈfaɪ] [디f파이]

① defy + 명사

주요 의미 무시하다, 반대하다, 거부하다, 무산시키다, 허용하지 않다, 어긋나다

- Worse, the five-point verbal understanding is nothing but mumbo jumbo **defying clear-cut interpretation**.

  설상가상으로 그 5 항목에 대한 구두합의는 명백한 해석을 불가능하게 하는 말장난에 불과하다.

- The university is a place where the world's hostility to curiosity **can be defied**.

  대학은 호기심에 대한 세상의 적개심이 허용될 수 없는 장소이다.

- Runners will run again next year, **defying terrorist threats**.

  테러분자들의 위협을 무시하면서 주자들은 다음 해에도 달릴 것이다.

- Since the media supposedly loves stories that **defy conventional wisdom**, Iraqi exuberance captured by the 2005 poll should have been major news.

  통념을 무시하는 이야기들을 언론이 좋아하는 것으로 알려지기 때문에 2005년의 여론조사로 잡힌 이라크인들의 윤택함은 주요 소식이어야만 했다.

degenerate
[cɪˈdʒenəreɪt]
[디제너뤠잇-ㅌ]

① degenerate (from, to)

주요 의미 악화되다, 타락하다, 퇴보하다

- Muscles shrink and **degenerate** if they are not used for a long time.

  근육은 오래 동안 사용되지 않으면 축소되고 **퇴화된다**.

- When the French President Hollande said that we must "serve peace and find solutions so that conflicts do not **degenerate into wars**," it was also a warning for those of us in East Asia as well.

  프랑스의 올랑드 대통령이 우리가 평화에 힘써야 하고 분쟁이 **전쟁으로 비화되지** 않도록 해결책을 찾아야 한다고 말했을 때 그것은 동아시아의 우리들에게 또한 하나의 경종이었다.

② degenerate (형용사)

주요 의미 타락한, 퇴화된

- We can find the evidence of **many degenerate animals** in the cave.

  우리는 그 동굴에서 **많은 퇴화동물**의 흔적을 찾을 수 있다.

③ **degenerate**(명사)

주요 의미 타락자, 불량배, 성도착증자

- He has been regarded as a degenerate who cannot keep a normal marriage.

  그는 정상적인 결혼생활을 유지할 수 없는 타락자로 여겨졌다.

D 236 degrade [dɪˈgreɪd] [디그뤠이드]

① degrade + 명사

주요 의미 강등시키다, 손상시키다, 타락시키다, 감소시키다

Industrial expansion must necessarily degrade the planet.

산업적인 확장은 반드시 지구를 손상시킨다.

A couple of weeks ago, I was at a dinner party and the man to my right started telling me about all the ways that the Internet is degrading the English language.

몇 주 전에 나는 한 저녁식사파티에 갔었는데 내 오른쪽의 남자가 인터넷이 어떻게 영어를 퇴보시키고 있는지에 대해 나에게 말하기 시작했다.

② degrade (자동사)

주요 의미 퇴보하다

O-shaped legs degrade rapidly. Thus, early treatment is required more than ever.

O 자형 다리는 빨리 악화되므로 초기의 치료가 어떤 경우보다 요구된다.

D 237 delegate ['delɪɡət] [델러게잇-트]

① delegate + A + (to B)

주요 의미 파견하다, 위임하다

- We will **delegate Tom to the ceremony**.
  우리는 **탐을 그 의식에 파견할** 것이다.

- As chairman, you will have to **delegate responsibility to** each of the committee members.
  의장으로서 당신은 위원회의 각 구성원**에게 책임을 위임해야** 할 것입니다.

② delegate(명사)

주요 의미 대리인, 파견단, 미국의 하원의원

- **Delegates from China**, for the first time in a climate conference, approved that it should take action as a responsible major country.
  중국대표단은 기회회의에서 최초로 중국이 책임 있는 주요국으로서 조치를 취해야 한다는 것을 인정했다.

deliberate
[dɪˈlɪbərət]
[딜리버뤠잇-ㅌ]

① deliberate + 명사
주요 의미 숙고하다

- Throughout 2013, they were negligent in their original duty of **deliberating bills** and holding debates on government policies.

  2013년 내내 그들은 **법안을 심의하고** 정부정책에 대해 토론을 해야 하는 원래의 의무를 게을리 했다.

② deliberate + wh- to VR / wh- 절 / if 절
주요 의미 숙고하다, 인지 아닌지 심사숙고하다

- Parliament is **deliberating whether to** bring back the death penalty.

  국회는 사형제도를 부활시킬지의 **여부에 대해 숙고하고** 있다.

③ deliberate on / over + 명사
주요 의미 -에 대해 숙고하다

- It takes approximately 20 days for parliament to **deliberate over** the defense reform bill.

  국회가 국방개혁안에 **대해 숙고하는** 데는 대략 20일이 걸린다

④ deliberate (형용사)

주요 의미 고의적인, 신중한, 느긋한

- He always speaks in a very deliberate way.
  그는 늘 느긋하게 말한다.

- You need to make a deliberate judgment.
  당신은 신중한 판단을 내릴 필요가 있다.

- He said he had done it without any preplan but I conclude it was a deliberate homicide.
  그는 사전계획 없이 그렇게 했다고 말했지만 나는 그것이 고의적인 살인이었다고 결론짓는다.

D 239 delight [dɪˈlaɪt] [딜라잇]

① delight + 명사
주요 의미 즐겁게 하다, 기쁘게 하다

- The 94-year-old former president is delighted by the honor.
  94세의 만델라 대통령은 그 영예에 의해 매우 기뻤다.

- At the awards ceremony, Kim delighted the audience by belting out the Korean folk song Arirang on stage - his own way of thanking the jury.
  그 수상식에서 김은 심사위원들에게 감사하는 그의 방식으로 한국민요 아리랑을 무대 위에서 불러서 청중을 즐겁게 했다.

- I would be delighted to make necessary arrangements for your visit next month.
  다음 달에 있을 당신의 방문을 위해 필요한 준비를 기꺼이 하겠습니다.

② delight(자동사)
주요 의미 즐거워하다

- He delighted in making people happy.
  그는 사람들을 행복하게 만든 것에 기뻐했다.

③ delight (명사)

주요 의미 기쁨, 즐거움

- It was a big delight to see you dance again.
  당신이 다시 춤을 추는 것을 본 것은 큰 기쁨이었다.

- Why should I feel shy to put on an apron and create delights in the kitchen?
  앞치마를 두르고 부엌에서 즐거움들(맛난 음식)을 만들어 내는 것에 왜 내가 부끄러움을 느껴야 하는가?

240 deliver [dɪˈlɪvə(r)] [딜리v버]

① deliver + 명사
주요 의미 전달하다, 분만하다, 수행하다

- However, it is unclear what message the bombers wanted to deliver.

  그러나 폭탄테러자들이 어떤 메시지를 전달하고자 했는지는 불분명하다.

- Dozens of pizzas were delivered to Hazel's room in one day.

  하루에 수 십 판의 피자가 Hazel의 방으로 배달되었다.

- Ten sets of twins were delivered at that hospital last year.

  그 병원에서는 작년에 열 쌍의 쌍둥이들이 분만되었습니다.

D 241 delude [dɪˈluːd]
[딜루웃-드]

① delude + A (into B)

주요 의미 A를 속여서 그 결과 B로 이끌다

- The nation cannot afford to delude itself into believing that it can be placed on an equal footing with the world's sole superpower in five to 10 years.

  그 국가는 5에서 10년 후에 세계 유일의 초강대국과 같은 위치에 놓여질 수 있다고 믿도록 스스로를 기만할 여유가 없다.

② delude + 명사 + that 절

주요 의미 -에게 어떤 사실이 맞다고 현혹시키다

- Never delude yourself that you own him. You never have. You never will.

  당신자신에게 그 사람이 당신의 소유라고 믿도록 기만하지 말라. 그런 적도 없고 앞으로도 당신은 그를 소유하는 일이 없을 것이다.

D 242 delve [delv] [델-v]

① delve + into(in)

주요 의미 깊이 파고들어 철저히 조사하다

- They also **delved into** problems that have led some students to commit suicide after being bullied or harassed by their classmates or those involved in adolescent gangs for a protracted period.

  그들은 또한 급우들이나 오랜 기간 청소년 폭력집단에 연루되어 있었던 이들에 의해 괴롭힘을 당한 후 일부 학생들을 자살로 이끌었던 문제들에 대해 **철저히 조사했다**.

- Interstellar **delves into** black holes and wormholes, and it touches down on more than one alien planet.

  인터스텔라는 블랙홀이나 웜홀을 **깊이 파고들며(자세히 조사하며)** 하나 이상의 외계행성에 착륙한다.

D 243 demean [dɪˈmiːn]
[디미인]

① demean + 명사
주요 의미 손상시키다

- Unfortunately, society accepts a certain definition of beauty-one that is not only outward but also demeaning of the female gender-and beauty pageants reinforce this idea.

  불행히도 사회는 외형적일 뿐 아니라 여성의 가치를 손상시키는 그런 아름다움의 정의를 받아들이고 미인대회들은 이런 생각을 더욱 굳힌다.

② demean oneself + ill / well
주요 의미 버릇없이, 훌륭하게 처신하다

- You had better demean yourself well before your would-be husband.

  미래의 남편 될 사람에게 훌륭하게 처신하는 것이 좋을 것이다.

D 244 demonstrate
['demənstreɪt]
[데몬스트뤠잇-ㅌ]

① demonstrate + 명사

주요 의미 증명하다, 논증하다, 분명히 나타내다

- In this concert, BoA once again **demonstrated the reasons** for her enduring popularity with fans.

  이번 콘서트에서 보아는 다시 한 번 그녀의 팬들에 대한 지속적 인기에 대한 **이유를 증명했다**.

- The intention of the drill was part of a psychological warfare campaign to **demonstrate the allies' will and strong deterrence** against North Korea's continuing provocations.

  그 훈련의 목적은 북한의 지속적인 도발에 대한 **동맹국의 의지와 강력한 억제력을 분명히 나타내기** 위한 심리전의 일환이었다.

- The figures **demonstrate the price level** in major cities.

  그 수치들은 주요 도시에서의 **물가지수를 나타내고** 있다.

② demonstrate + that절 / wh-절 / wh-to VR

주요 의미 증명하다, 설명하다, 겉으로 나타내다

- Such activities **demonstrate that** the state acknowledges the value of the media.

  그런 행동들은 국가가 언론의 가치를 인정한다는 **사실을 설명하는** 것이다.

- The regulators' unduly low-keyed approach to public fund management may demonstrate that these officials are ""accomplices"" in making and administering wrong policies, including lax supervision.

  규제당국의 공적자금관리에 대한 지나친 저자세적 접근은 관리들이 허술한 감시를 포함하여 잘못된 정책에 만들고 관리하는데서 공범의 역할을 하고 있다는 것을 설명할 수도 있다.

---

③ **demonstrate + for / against / in favor of**

주요 의미 시위로 의사를 표명하다

- Therefore, students should only choose to demonstrate as a last resort.

  그러므로 학생들은 최후의 수단으로 시위를 선택해야 한다.

- Many Tibetans demonstrated for their independence.

  많은 티벳인들이 그들의 독립을 위한 시위를 했다.

demoralize
[dɪˈmɔːrəlaɪz;-ˈmɑːr-]
[디모럴롸이-ㅈ]

① demoralize + 명사

주요 의미 기를 꺾다, 당황하게 하다, 타락시키다

- Such staggeringly high unemployment rates will have immense consequences as a whole generation becomes demoralized.

  그런 엄청나게 높은 실업률은 모든 세대의 기가 꺾이기 때문에 커다란 결과를 초래할 것이다.

- She had accused President of reprimanding the South Korean military, but not North Korea, over last week's maritime border violation by a North Korean ship, saying it demoralized the nation's armed forces.

  그녀는 대통령이 지난 주 북한선박에 의한 해상국경침입에 대해 북한이 아닌 한국군을 꾸짖음으로써 그것이 국군의 사기를 꺾었다고 말하며 비난했다.

D 246 denote [dɪˈnoʊt]
[디노웆-ㅌ]

① denote + 명사

주요 의미 상징하다, 표시하다, 의미하다

- So these numbers are the numbers which denote the roughness of these surfaces.

  그래서 이런 숫자들은 표면의 거칠기를 상징하는 숫자들입니다.

- Others claim that the term derived from "barroco," a Portuguese word denoting "irregularly shaped pearl.

  다른 이들은 그 용어가 찌그러진 모양의 진주를 의미하는 포르투갈 말인 바로코에서 유래되었다고 주장합니다.

② denote + that 절

주요 의미 의미하다, 뜻하다

- Her smile denoted that she agreed.

  그녀의 미소는 그녀가 동의했다는 것을 의미했다.

D 247 denounce [dɪˈnaʊns] [디나운쓰]

① denounce + A (as B)

주요 의미 A를 B라고 비난하다, 반대하다, 매도하다, 파기하다

- Diverging branches of online communities supporting or **denouncing the star** have mushroomed.

  그 스타를 지지하거나 비난하는 파로 갈린 온라인 세력들이 버섯처럼 성장했다.

- In the statement **they denounced** Lee's project as commercializing female sex and degrading the comfort women who already have been suffering for over 60 years.

  그 성명에서 그들은 이씨의 계획을 여성의 상품화 그리고 이미 60년 넘게 고통을 겪어온 위안부들에 대한 매도로 비난했다.

- This is not the first time for the North to **denounce the armistice**.

  북한이 정전협정을 파기하겠다고 한 것은 이번이 처음이 아니다.

D 248 depart [dɪˈpɑːt]
[디파아-ㄹ-ㅌ]

① **depart + from / for / to**

주요 의미 출발하다, 벗어나다, 죽다, 떠나다

- On September 20, 1519, Magellan finally **departed from a harbor** in Spain on his voyage to the Spice Islands.

  1519년 9월 20일, 마젤란은 Spice Islands 로 향한 그의 항해를 위해 스페인의 한 항구를 떠났다.

- I hate it when he departs from traditional methods.

  나는 그가 전통적 방식들을 벗어나는 것이 싫다.

- It is better that he die than that justice **depart out of the world**.

  정의가 세상에서 사라져야 하는 것보다는 그가 죽어야 하는 것이 더 낫다.

D 249 depend [dipénd] [디펜-ㄷ]

① depend on + 명사

주요 의미 의존하다, 달려있다

- The climate of Europe is very different depending on the location.

  유럽의 기후는 지역에 따라 매우 다르다.

- Their status depends on the citizenship and immigration status of their parents.

  그들의 신분은 부모의 국적이나 이민지위에 달려 있다.

- Students realize that their futures depend on how well they do in school.

  학생들은 그들의 미래가 학교의 성적에 달려 있다는 것을 알고 있다.

- The information technology industry in the U.S seems to depend on mainly men.

  미국의 정보기술산업은 주로 남성에 달려 있는 것으로 보인다.

- The speed at which information travels today can depend greatly on one's social network.

  오늘날 정보가 움직이는 속도는 한 사람의 사회관계에 크게 의존할 수 있다.

- Other officials, such as Stew Thornley of the Minnesota Department of Health, agreed that consumers can depend on the safety and quality of bottled water.

미네소타 보건당국의 Stew 와 같은 다른 관리들은 소비자들이 병에 든 물의 **안전과 품질을 신뢰할 수** 있다는 것에 동의했다.

② depend on + A + to VR

주요 의미 -가 -하는 것을 믿다

- I can **depend on him to do** me a favor.
  나는 그가 나의 부탁을 들어줄 것을 믿는다.

③ depend on it that 절

주요 의미 어떤 사실을 믿다

- You may **depend on it that** this kind of thing will never happen again.
  당신은 이런 일이 다시 일어나지 않는 다는 것을 믿을지도 모른다.

④ depend on A for B

주요 의미 B를 얻기 위해 A에게 의존하다

- We all **depend on one another for things we need**.
  우리는 필요한 것을 얻기 위해 서로에게 의존하고 있다.

D 250 depict [dɪˈpɪkt] [디픽-트]

① depict + 명사

주요 의미 묘사하다, 그리다, 서술하다

- Experts believe that the statue depicts Aphrodite, the Greek goddess.

  전문가들은 그 조각상이 그리이스 여신인 아프로디테를 묘사한 것이라고 믿는다.

- He wanted to depict a Korean man extending a hand of friendship to the Uruguayans, as the greeting signifies "encounter, respect, admiration, reconciliation, and peace.

  그는 그 인사가 만남, 존중, 감탄, 화해, 그리고 평화를 상징하듯이 우루과이 사람들에게 우정의 손을 내밀고 있는 한국인을 묘사하고 싶었다.